DIE GROOT AFRIKAANSE HELDEBOEK

Pieter W. Grobbelaar

Tweede, hersiene uitgawe

Die Groot Afrikaanse
HELDEBOEK

Vertellings deur
PIETER W. GROBBELAAR

Met talle tekeninge deur
F. LATEGAN

PROTEA BOEKHUIS
PRETORIA
2007

Die Groot Afrikaanse Heldeboek
Pieter W. Grobbelaar

Eerste uitgawe, eerste druk, 1976 Human & Rousseau
Tweede druk, 1980
Derde druk, 1981
Vierde druk, 1982

Tweede uitgawe, eerste druk, 2000 Protea Boekhuis
Tweede druk, 2003
Derde druk, 2004
Vierde druk, 2007

Protea Boekhuis
Posbus 35110, Menlopark, 0102
protea@intekom.co.za

Reproduksie deur Dusk Dimensions
Gedruk en gebind deur Tien Wah Press, Singapoer

ISBN   978-1-919825-11-3

INHOUD

TOE DIE GENERAAL NOG JONK WAS

KAPTEIN-MAJOOR

Daar is moed nodig om 'n volk te maak, en reeds van die vroegste tye af vind ons die mans en vroue en kinders wat bereid was om alles te gee sodat hierdie wye land en sy seë getem kon word. Die eerste helde in ons geskiedenis was die ontdekkers wat die onbekende kuste van ons land verken het – en onder hulle was niemand groter as Vasco da Gama nie. Die merkwaardige verhaal wat nou hier vertel word, het hom glo in Desember 1497 afgespeel terwyl Da Gama se skepies in die omgewing van die Pondolandse kus gevaar het. Geleerdes betwyfel dit vandag of hierdie voorval histories juis is, maar tog is dit so tekenend van die onverskrokke vaarder dat dit selfs as legende 'n plek in ons heldegeskiedenis verdien.

"Kaptein-majoor!"

"Stuurman?"

"Die matrose sê hulle gaan nie verder nie. Hierdie see is vervloek, en ons sal nooit weer die vaderland sien nie."

Vasco da Gama, kaptein-majoor van die Portugese ontdekkingsvloot na die goue Ooste, staar broeiend oor die bedrieglike kalmte van die seevlak uit. Op die oog af is alles rus en vrede met niks om hulle voortgang te strem nie, maar onder in sy dieptes het die water 'n eie wil en word die stroming 'n monster wat hul skepies vasgryp en hulle myle ver terugdwing – elke myl moeisaam verower met die inspanning van al hul vernuf en kragte teen die ongunstige wind in.

'n Week gelede het hulle triomfantlik die punt verbygesteek waar die groot ekspedisie van Bartolomeus Dias meer as tien jaar tevore moes omdraai en het hulle nuwe waters gebreek. Toe het die wind omgeswaai, reg van voor, en hulle moes die oopsee kies om dit daar uit te spook. Nou vanoggend, noudat dit weer stil geword het en hulle die land kon nader om vas te stel waar hulle presies is, het hulle tot hulle ontsteltenis ontdek dat die seestroom hulle stilletjies byna tweehonderd myl agteruit gevoer het.

"Kaptein-majoor!"
"Stuurman?"
"Die matrose sê hulle gaan nie verder nie. Hierdie see is vervloek, en ons sal nooit weer die vaderland sien nie."

Dit was 'n indrukwekkende ontvangs, die laaste ontmoeting met koning Manoël die Gelukkige, voordat hulle uitgevaar het. Al die vernaamstes van kerk en staat was teenwoordig toe Vasco da Gama en sy hoofoffisiere die saal binnekom.

Die koning praat. "Hierdie ontdekkingstog waarop ek julle stuur," sê hy, "is ons dure plig om die welvaart van ons geliefde Portugal te verhoog en die Koninkryk van Christus ook tot in daardie verre heidenlande uit te brei. Mag die Voorsienigheid self met julle wees."

Die kaptein-majoor tree na vore en sak op sy knieë neer om sy vors se hand te kus as dankbetoning vir die eer dat hy uitgekies is om die ekspedisie te mag lei, en hy ontvang as geskenk 'n banier van spierwit sy met die bloedrooi kruis van die Christusorde daarop. Terwyl hy die kruisteken met sy vingerpunte aanraak, lig die man sy kop en neem 'n eed: "Ek, Vasco da Gama, wat van u, my aller-hoogste en magtigste koning, opdrag gekry het om uit te vaar en 'n seeroete na Indië en die Ooste te ontdek, sweer by hierdie kruis dat ek dit hoog sal hou en aan niemand sal afstaan nie. Ek sal my bevele getrou, lojaal, waaksaam en naarstig uitvoer. God helpe my!"

10

'n Nag lank bring Da Gama en sy offisiere biddend in die kapelletjie van Belem deur. Die klokke lui, en die optog na die skepe begin: priesters en monnike vooraan, en agterna die seevaarders, twee-twee in gelid, elk met 'n brandende kers in die hand. 'n Laaste plegtigheid, 'n afskeidsgroet, en hulle vaar: die wit seile bollend in die wind, met hul rooi kruistekens uitdagend teen die son. Voel-voel al langs die kus van Afrika af met voorspoed en terugslae, en toe hulle eers hul skepies om die skouer van die magtige vasteland gestuur het, die kaptein-majoor se eerste groot besluit: "Die winde het gaan rus, en so sal ons nooit by die Kaap die Goeie Hoop uitkom nie. Stel die koers weswaarts in sodat ons om hierdie dooie kol kan vaar."

Die waagstuk slaag. Twee maande lank skuif hulle oor die eindeloosheid van blougroen water op die onbekende roete voordat hulle Afrika weer by sy suidpunt nader. Daar is vreugde aan boord, maar die Kaap wat sy rotsige vinger diep in die hart van die oseane stoot, moet nog omseil word, en uit die suidooste blaas 'n storm.

Vyf dae lank veg hulle teen die elemente, en telkens as hulle teruggedruk word, probeer hulle weer. Hierdie man wat hulle kaptein-majoor is, sal nie ingee nie, want hy het gesweer, en hy is Vasco da Gama. Saterdag het die stryd begin, en teen Woensdag is dit die wind wat laat skiet sodat hulle verbyglip.

Die kaptein-majoor is in 'n goeie stemming terwyl hulle stadig teen die suidooskus van Afrika opklim na die Lande van die Son toe. 'n Ontmoeting met die inboorlinge loop op 'n feestelikheid uit. Terwyl die Khoi hulle rietfluite blaas, laat Da Gama sy trompetters in die sloepe waarmee hulle die land gaan verken het, 'n vrolike deuntjie speel. Die ritme kom in die bloed. Die Khoi be-gin danspassies trap, en die kaptein-majoor dans saam.

Op, op langs die kus, verby Dias se merk – en nou dít: verraad onder die waters, en op sy eie dek.

11

"Kaptein-majoor!"

"Stuurman?"

"Die matrose sê hulle gaan nie verder nie. Hierdie see is vervloek, en ons sal nooit weer die vaderland sien nie."

Vasco da Gama, kaptein-majoor van die Portugese ontdekkingsvloot na die ontwykende Ooste, staar broeiend oor die bedrieglike kalmte van die seevlak uit. Hy is 'n man van agt en dertig, in die fleur van sy jare, middelmatig van lengte maar fors gebou, die snor pikswart, die volbaard vierkantig geknip. Hy kom uit 'n taai geslag, en hy het gesweer, nie net voor sy koning nie, maar in sy eie hart dat hy nie sal faal nie. "Omdraai?" prewel hy.

Die matrose wat hom tersluiks van die agterdek dopgehou het om die uitwerking van hul dreigemente te sien, by monde van die stuurman oorgedra, het later fluisterend daarvan vertel. Die gestalte van die kaptein-majoor het meteens voor hul oë begin groei. So iets het hul nog nooit aanskou nie. Dit was die gedaante van 'n reus of 'n god wat hy aangeneem het, met die weerlig in sy oë en die donder in sy stem.

"Omdraai?" bulder hy sodat die hele skip daarvan bewe. Toe lig hy sy een groot hand, en terwyl hy die kosbare seevaartinstrumente – die kompas, die kwadrant, die astrolabium – een vir een soos speelgoed in die golwe uitstrooi, lag hy en sê: "Omdraai? Draai om, stuurman, as jy lus het. Dan sal ek sien hoe jy die vaderland sonder jou rigtingwysers gaan kry." Die reus tel sy arm op en druk sy vinger in die oog van die son. "Nee, stuurman," sê hy, "vaar liewers agter die goue gloed aan, waar dit soggens agter die deining lig maak. Dit is jou enigste hoop en baken. Vaar! Vaar!"

Vyf maande later het hulle veilig in Indië aangekom.

DONA LEONORA

Die stranding van die Portugese galjoen die *São João*, dit wil sê die Heilige Johannes, in 1552 aan die suidkus van ons land, was die begin van een van die mees tragiese geskiedenisse wat hom ooit in Suider-Afrika afgespeel het, maar terselfdertyd het dit ook die heldemoed veral van die vrou van die kaptein sterk op die voorgrond gebring.

Ek, Alvaro Fernandes, deur die grasie Gods behoue, verklaar plegtig dat die hiervolgende die volle en onvervalste verhaal is van die ramp wat ons goeie skip, die *São João*, getref het, waarvan ek die bootsmaat was, en van die tragiese lot van sy opvarendes, in die besonder van dona Leonara, die hooggebore vrou en eggenote van ons geëerde kaptein, Manuel de Souza e Sepúlveda. Hoe moedig het sy haar nie gedra onder die haglikste omstandighede nie, tot die bittere einde toe, sodat sy vir ons ander 'n voortdurende inspirasie was. Dit alles het begin in die sesde maand van die jaar van onse Heer vyftien honderd twee en vyftig. Mag dit as 'n blywende vermaning dien dat ons nooit moet ophou om ons voor God te verootmoedig en Hom in ons gebede aan te roep sodat Hy sy beskermende Hand nie van ons sal wegneem nie. – Amen.

Ons was onderweg van Indië na die vaderland met die rykste vrag peper en handelsware wat een van ons skepe nog gedra het, toe ons naby die Kaap die Goeie Hoop in onophoudelike storms beland het en 'n maand lank heen en weer geslinger is oor die oseaan omdat ons seile te oud en verswak was om teen die geweld van die winde weerstand te bied. So is ons teruggedwing tot regoor die kus van die landstreek Natal waar dit vir ons, met 'n stukkende helm, twee maste oorboord en die seile verlore, algaande duidelik geword het dat ons skip moet vergaan. Die kaptein en sy vrou en kinders is saam met twintig soldate in 'n klein bootjie aan land gebring, hoe gevaarlik dit ook al was, en nooit het dona Leonora teruggedeins nie en dapper soos 'n man die hoë golwe getrotseer. Weer en weer is ons bootjies uitgeroei, maar hulle kon nie lank

14

bestand bly nie en is een vir een versplinter, sodat ons ander ons in die see moes werp terwyl die skip onder ons voete uitmekaarbreek, en op stukke wrakhout en vate en kiste die land probeer bereik. Hier het 'n honderd gesterf – mag hul siele in vrede rus – voordat ons oorlewendes op die strand vergader was, vyfhonderd altesaam: eenhonderd en tagtig Portugese en driehonderd en twintig slawe.

Nadat ons twaalf dae lank daar gekampeer het sodat ons eers van ons wonde en uitputting kon herstel, het kaptein De Souza ons byeengeroep en toegespreek met hierdie woorde: "Ons het reeds swaar geboet vir ons sondes, en my eie is so swart dat dit al hierdie ellendes oor ons kon gebring het. Maar miskien sal die Hemelse Vader ons tog genadig wees, want dit het Hom behaag om ons nie in die golwe te laat omkom nie. Nou moet ons besluit wat ons te doen staan, want dit is regverdig dat ek julle menings hieromtrent sal vra omdat almal se lewens daarvan afhang." Daar is oor en weer geredekawel totdat ons eindelik ooreengekom het dat dit die beste sou wees om Mosambiek oor land te probeer bereik.

So het ons staptog begin, en ons ontberinge wat geen pen kan beskryf nie. Die eerste dae het alles nog ordelik gegaan. Daar was 'n voorhoede van uitgesoekte manskappe wat 'n kruisbanier gedra het, daarna die kaptein en sy kinders met dona Leonora op 'n baar om die tog vir haar te vergemaklik, en agteraan die ander Portugese en slawe. Met die dae en weke het honger en vermoeienis ons uitgemergel, want ons enigste kos was die bietjie rys wat ons van ons skip af kon red, aangevul met wildevrugte, en nou en dan 'n uitgespoelde seedier op die kus. Soms was ons verplig om wye draaie die land in te dwaal om stormende riviere oor te steek, en dan weer was daar feitlik onbegaanbare bergkranse waarteen ons moes uitklim. Een ná die ander het die swakkeres uitgesak, en met die bede dat God hul onsterflike siele genadig sal wees, het ons hulle agtergelaat as prooi vir luiperd en leeu en luislang, waarvan

15

daar 'n oorvloed in die bosstreke was. Aanvalle deur inboorling-stamme het ons verder beproef, hoewel ons telkens daarin geslaag het om die vyand te verdryf, al moes ons ook met ons bloed daarvoor betaal.

Dona Leonora is nie meer op die baar gedra nie, maar sy het saam met ons gestap, net so taai en volhardend soos 'n boervrou wat haar lewe lank op die landerye gearbei het, hoewel sulke uitputtende inspanning ongekend vir haar tenger liggaam was. Ten spyte van haar eie ellende het sy ons ander steeds met haar voorbeeld en sagte woorde bemoedig. "Wees nie bevrees nie," het sy gesê. "God sal ons nie verlaat nie, en as dit sy Wil is dat ons hier moet sterwe, mag ons nie murmureer of ons daarteen verset nie." Vir ons was dit 'n versterking van die gees om haar so te hoor praat, en dit het ons aangespoor om met nuwe krag ons tam ledemate voort te sleep. Die Here God moes haar self bygestaan het, want hoe anders kon sy sulke honger en dors en swaarkry verduur?

Drie maande en nege honderd myl verwyderd van daardie gedoemde dag en plek wat ons mooi skip van ons af weggeneem het, het ons eindelik by 'n vriendelikgesinde inboorlinghoofman uitgekom wat bereid was om ons kos en herberg te gee. Hy het die Portugese reeds geken van vroeëre reisigers wat daar was, en afgesien daarvan dat hy ons hulp wou hê in 'n oorlog teen 'n naburige inboorlingkoning, het hy ons vermaan dat daardie mense ons sekerlik om die lewe sou bring as ons dit oor die rivier tot in hul land waag.

Kaptein De Souza, ons aanvoerder en leier, was teen hierdie tyd so verward deur al ons smartvolle ondervindings dat hy geen ag op die ou hoofman se woorde wou slaan nie. Nadat hulle ons in kano's oor die rivier gebring het, het die kaptein van swaar pyne in sy kop begin kla sodat dona Leonora dit met doeke moes verbind. Aanvanklik het die inboorlinge van die stam waarteen die ou hoofman ons gewaarsku het, ons oënskynlik gulhartig ontvang, ons na die koning se stat gebring en kos en drank onder die bome aan ons voorgesit. Vyf dae lank het die koning ons met rus gelaat, waarna hy laat weet het dat ons te veel bymekaar was vir een stat om te voed, dat ons in groepe moes verdeel, en dat hulle vir ons sou sorg totdat daar 'n Portugese skip kom, mits ons bereid sou wees om ons muskette af te gee omdat ons sy mense daarmee verskrik. Aangesien kaptein Manuel de Souza nou baie siek en heeltemal buite sy sinne was, het hy homself dadelik bereid verklaar om aan al die eise te voldoen. Net dona Leonora, hoewel sy heeltemal uitgeput was, het dit gewaag om teen haar man standpunt in te neem. "As ons die muskette afgee," het sy gesê, "is ons sekerlik verlore." Tog wou die kaptein nie na haar luister nie, en hy het ons laat verdeel en ontwapen. Dadelik het die inboorlinge se verraderlike planne aan die lig gekom. Hulle het ons makkers die bosse ingeneem waar hulle beroof en geslaan en verdryf is om van ontbering te sterwe, maar ek en twintig ander – hoofsaaklik mans, asook twee Portugese vroue en 'n paar slavinne – het by die kaptein en sy vrou en kinders gebly. Ook ons juwele en geld en kosbaarhede, waarvan die kaptein 'n groot skat by hom gehad het, is geplunder voordat ons aan ons lot oorgelaat is.

Toe sy sien dat haar eggenoot en vader van haar kinders nie meer in staat is om bevele te gee of besluite te neem nie, wat vir haar bitter pynlik moes gewees het, het dona Leonora na vore getree en met ons mans beraadslaag oor wat ons te doen staan. Sy was by al haar ander deugde 'n baie intelligente en skerpsinnige vrou, en daarom het sy ingestem dat dit die beste sou wees om ons in die hande van God oor te gee en met sy hulp weer die bos in te vaar en langs die kus op uitkoms te soek.

Skaars was ons op weg, met min hoop in ons harte, toe die inboorlinge ons van agter inhaal en ons stroop van alles wat ons nog by ons gehad het: ja, selfs die klere van ons lywe af. Dona Leonora het haar dapper verset omdat sy nie wou toelaat dat die inboorlinge haar so onteer nie, en sy het hulle met haar swakke vuiste probeer weghou, maar eindelik moes sy ook ingee. Dit was die laaste vernedering, en so het hierdie vrou geknak, sy wat die moedigste en volhardendste van ons almal was en, naas God, vir ons die enigste ligpunt in die duisternis van ons nood. Sy het dadelik haar lang hare losgeskud en soos 'n kleed om haar gewerp, en terwyl sy aanhoudend geween het, het sy haarself halflyf diep in die sand begrawe, en sy wou nie weer opstaan nie.

Daar het kaptein De Souza – die edelmoedige en goedhartige man, maar nou krank van gees – tot die einde vir haar en sy twee jong kinders gesorg met wildevrugte uit die bos, hoewel hy boonop swaar geloop het van 'n wond aan sy been wat hy in die skermutseling met die inboorlinge opgedoen het. Eers het die een kind gesterf, en die kaptein het hom met sy eie hande in die sand toegedek, en toe hy die volgende dag uit die bos terugkom, was sy ander kind en dona Leonora ook dood. Nadat hy 'n halfuur lank

woordeloos na hulle gesit en staar het met sy hoof in sy hande gestut, het hy hulle in een graf weggelê waarna hy die bos ingestap het, en niemand het hom ooit weer gesien nie.

Dit is die geskiedenis van alles wat ek, Alvaro Fernandes, bootsmaat, gesien en belewe het, want tot die einde toe het ek dona Leonora en my kaptein nie verlaat nie. Deur die bystand van God, wat my bo verdienste begenadig het, was ek een van die sewe Portugese en veertien slawe wat eindelik die veiligheid van Mosambiek bereik het, al wat oor was van die vyfhonderd wat die tog begin het. Laat dit 'n les en 'n vermaning vir almal wees wat hierdie verhaal lees om godvrugtig te lewe omdat niemand weet wanneer sy laaste uur sal kom nie, en bid elkeen in sy hart dat hy krag sal ontvang om, wanneer die nood en beproewing sy deel is, dit net so dapper te kan dra soos dona Leonora. – Amen.

DIE SLAVIN EN DIE LUIPERD

Een van die heel vroegste heldedade wat in ons geskiedenis opgeteken is, staan in Van Riebeeck se Daghregister onder die datum Woensdag, 25 September 1658, waar vertel word van die moedige optrede van 'n onbekende slavin.

Hulle werk in die son, die handvol slawe en slavinne, saam met vryburger Wouter Mostert, die meulenaar. Die oggend nog het vaal stuifvlae oor die baai gestoot, en die slawe het hul meesters nagepraat en gesê dis goed so. Die winterreëns het glad te vroeg opgehou, en die gesaaides ly daaronder. Maar ná die middag het dit opgeklaar, en nou kap hulle hout aan die rand van die bos.

Sy kap met oorgawe, die jong slavin, en die byl sing in haar hand. Dis nog die son van Afrika wat op haar skyn, maar tog is dit nie dieselfde nie. Dis nog sy wind en reën en aarde, maar tog is dit vreemd vir haar. Wat soek sy, daar bo uit die hart van die Donker Land, hier waar hy met sy toon in die groot waters skop? Dis net wanneer sy werk dat sy half vergeet.

So het hulle ook uit haar vaderstat uitgegaan, sy en die ander vroue van die stam, om hout aan te bring en water te haal, om te skoffel in die jong landerye, of die oes in te samel as dit tyd geword het. Hulle moes werk, ja, die vroue, dat die manne hul assegaaie blink kon hou om die gieriges van hul stat af weg te keer – die roofdiere en die rowers. En hulle het dit altyd gedoen ook, tot die dag toe die slawevangers in hul oormag gekom het.

Dis vir haar 'n skande om die mans nou hier langs haar te sien werk soos sy werk, en daarom wil sy liewers nie kyk nie. Sy kap en kap en kap net, en soos sy kap, word die ritme van die werk 'n lied, en die lied kry woorde:

> "Kom, blink lem van die aarde
> wat die hemel ons gegee het,
> dat ons hout kan kap,
> en ons vuur kan maak –

23

sodat ons nie koud sal kry
of honger ly nie."

Sy neurie dit saggies in haar hart sodat net syself dit kan hoor, want vandat sy uit haar land weggevoer is, is sy swygsaam.

Toe sny 'n skrikroep skielik deur die lug. Vryburger en slaaf roep elkeen in sy eie taal:

"Luiperd!"

"Die vul!"

"Die luiperd het die perdevul gevang!"

Skigtig soos 'n gedagte het die roofdier uit die kreupelhout gebars en hier, treë van meulenaar Mostert af, 'n jong vul aan die keel beetgepak. Dis 'n geskarrel en geskop tussen die bossies en graspolle. Net een maal hinnik die vul skel. Dan lê hy stil.

Die luiperd laat nie los nie, maar gluur oor sy prooi na die klompie mense wat hom verslae aankyk. Dan breek daar een uit die groep los, snel soos die wind, soepel soos 'n riet.

Dis die slavin. Byl hoog gelig, pyl sy op die luiperd af: sy die gebondene, wat moet sit en staan soos dit haar meester behaag, en hy, die trotse, wat kan kom en gaan net soos hy wil.

Toe kap sy. Dis nie oor die luiperd dat sy dit doen nie, want of hy boet vir sy daad of ontvlug, beteken vir haar niks nie. Dis nie om die vul te red nie, want hy beweeg lankal nie meer nie.

Maar in daardie oomblik toe sy kap, is sy vry – hou sy lewe en dood in haar hand.

Die luiperd hap na haar en klap snouend met sy skeurende kloue.

Sy kap weer en weer, oor sy kop, sy pote, sy nek, tot hy stil word langs die vul.

Wouter Mostert skud sy kop. "Ai," sê hy, "perde is so skaars. Dis 'n groot verlies."

Die slavin vee haar byl aan die gras af en stap terug na haar werk toe. Dit het weer betrokke geraak.

25

DIE HART VAN 'N MAN

Die stryd rondom 1706 van die Kaapse koloniste teen die onderdrukking van goewerneur Willem Adriaan van der Stel het deursetting gekos, want die burgers was feitlik weerloos teen die magsdronke goewerneur. Verhale van durf en onverskrokkenheid word vertel – verhale van heldedade wat sekerlik nie so skouspelagtig is as dié wat midde-in die rumoer van die slagveld verrig word nie, maar net soveel moed geverg het. So was daar die optrede van die bejaarde Guillaume du Toit waaroor Adam Tas in sy *Dagboek* skryf: "Du Toit het hierin getoon dat hy 'n eerlike man is, en 'n mens wens dat daar vele sulke patriotte was."

Goewerneur Willem Adriaan van der Stel is soos altyd onberispelik volgens die jongste Europese mode geklee, van die gepoeierde pruik tot die blinkgespe-skoene, maar dit kan sy ontsteltenis nie verberg nie. Hy het uit sy kantoorstoel opgespring en stap met vinnige hale nader tot hy voor sy besoeker vassteek. Hy kyk vlugtig na sy sekretaris en 'n klerk wat by hul skryftafels werk, en dan sê hy kortaf vir die man: "Kom saam. Ek wil alleen met jou praat."

"Goed, Mijnheer," antwoord Guillaume du Toit rustig, en hy volg die goewerneur na 'n sykamer van sy woning in die Kasteel. Die boer is ook netjies aangetrek, maar eenvoudiger, en die natuurlike krulle van sy grysende hare golf in sy nek.

Die goewerneur druk die deur beslis op knip en swaai na sy besoeker toe om. "Du Toit," sê hy sonder meer, "het jy ook die geskrif téén my onderteken?"

In hierdie Februarie-maand van die jaar 1706 nader die geskil tussen die goewerneur en die Kaapse burgers 'n hoogtepunt. Die koloniste is ontevrede met goewerneur Willem Adriaan se hooghartige bestuur. Hulle sê dat hy homself en 'n klompie uitgesoektes onregverdig bevoordeel en verryk, veral deur hul vernaamste afset, die handel met verbyvarende skepe, in te palm.

Oral is gerugte. Die retoervloot met sy handelsvrag op pad van die Ooste na Nederland lê juis in Tafelbaai. Die goewerneur weet dat 'n groep koloniste reeds by die Hoë Raad in Indië gekla het, en dat hulle handtekeninge versamel vir 'n klagskrif na die hoogste gesag: die Here Sewentien in die vaderland, wat hulle waarskynlik saam met die vloot wil stuur. So maklik gaan hulle hom, Willem Adriaan, nie onderkry nie. Hy is besig om teenverklarings op te stel, en mense wat die klagskrif sekerlik onderteken het, af te dreig sodat hulle hul steun moet onttrek. As hy nou vir Guillaume du Toit ook kan knak, sal dit 'n groot oorwinning wees, want hierdie Franse Hugenoot is 'n man van aansien onder sy medekoloniste.

Die goewerneur hoef sy vraag nie te herhaal nie. "Ja, ek het geteken, Mijnheer," sê Guillaume sonder huiwering.

Die goewerneur se lippe vertrek sodat sy tande wys. Die vingers van sy regterhand span, en dit lyk asof hy die boer gaan klap, maar hy bedink hom. "Wat is dan vandag jou moeilikheid, Du Toit?" vra hy oënskynlik gemoedeliker.

"Ek het 'n lêer wyn na u pagter gebring wat volgens kontrak nog dertien lêers van my moet inkoop, maar hy het my uitgeskel asof ek 'n gemene dief is," kom die antwoord.

"Hoekom het jy dan nie liewers vir my laat weet van jou moeilikheid nie, in plaas van om teen my te skryf – dan kon ek jou mos gehelp het?"

"Dan was ék alleen geholpe, en wat van die ander? Ek is 'n ou man, en my pad is nie meer lank nie, maar wat ek geskryf het, was uit liefde vir my mense."

Die ou boer se openhartigheid slaan die goewerneur heeltemal uit die veld. "Nee, iemand moes jou gedwing het," sê hy verwonderd.

Guillaume staan 'n oomblik peinsend. Die tyd het hom geleer wat dit beteken om in die noute te kom: eers as Protestant in Katolieke Frankryk toe hy vir sy lewe en geloof moes vlug, en nou weer hier aan die Kaap waar hy 'n bestendige bestaan kom soek het. Tog het hy genadiglik deur dit alles gekom sonder om ooit sy kop te laat sak. Ja, daar *was* iets wat hom gedryf het.

"My gewete, Mijnheer," antwoord hy, en hy weet dat die goewerneur maar sy strikke vir hom kan span. Sy hart sal vry bly.

WOLRAAD WOLTEMADE

Van al die heldedade waarop ons kan roem – en daar was baie – staan geneen hoër uit as dié van Wolraad Woltemade nie. Want nie net een maal nie, maar agt maal ná mekaar het hierdie eenvoudige ou man, 'n soldaat wat later boer geword het, in Mei 1773 die dood getrotseer om sy medemens te red. Dis net jammer dat die naam van sy perd wat hom so moedig bygestaan het, vergete geraak het. Want 'n mooier verhaal van dieretrou is daar nie in ons geskiedenis nie.

Stormwind en reën die hele nag lank, stormwind en die gedonder van die golwe. In hul huise onderkant Tafelberg waar Van Riebeeck se verversingspos van honderd jaar tevore al 'n dorp geword het, op hul plasies, en in die Kasteel luister die mense, en hulle wonder. Vyf skepe het daardie middag in die baai gereed gelê om uit te vaar, vyf seilskepe vol gelaai met vars proviand, hul handelsvrag – en mense.

Eintlik het die skeepskapteins teen die opdragte van hul meesters gehandel – die Here Sewentien, bewindhebbers van die magtige Nederlands-Oos-Indiese Kompanjie, wat die handel om die Kaap met die Verre Ooste beheer. Want in die maande Mei tot Augustus moet hulle Tafelbaai vermy, omdat die winterstorms te gevaarlik is. Maar die see was so bedrieglik kalm, die vooruitsig om ná maande op die oop waters weer ander mense te sien, te aanloklik. En nou, vanmiddag, net toe alles gereed was, het die noordwestewind skielik opgespring: eers net 'n fris briesie, maar tog genoeg om hulle terug te hou en teen die land vas te keer, want dis reg in dié rigting dat hulle moet uitvaar. Spoedig begin dit deur die takelwerk sing, en oral rondom knik die golwe hul skuimtoppe wit in die wind. Vuilgrys skuif die wolkbank in oor die kim, en dan dans die eerste stuifvlae blink oor die waters.

Toe breek die storm in al sy geweld. Golwe steier heuwelhoog teen die skepe se flanke aan en skud hulle soos stukke dryfhout rond. Die seile is lankal ingehaal, en met die smekende vingers van hul kaal maste omhoog, gaan hulle die nag in. As die ankertoue net sal hou . . . die ankertoue . . . Of anders is hulle verlore. Want daar, net hier anderkant die laaste kromming van die branderrûe, wag die gulsige banke sand wat vasgryp en hou sodat die see sy verwoesting kan volbring.

Hier, vroegdag, teen sesuur die oggend – maar in die storm is dit nog nagdonker – hoor die ou man op sy plasie aan die voet van Tafelberg waar hy die afgelope paar jaar met melkbeeste boer, nes die ander inwoners van die nedersetting die kanonskote deur die rukkende windvlae. Wanhopig en nietig klink die noodroep van mens tot mens: een van die skepe het in die moeilikheid geraak en loop gevaar om te vergaan.

Die ou man bly luisterend in die deur van sy koeiskuur staan waar hy pas sy diere klaar versorg het. Kom storm, kom wind en reën, maar die boer moet beskerm wat syne is. Die ou man luister, en hy dink. Hy is al diep in die sestig en het te veel van die lewe gesien. Pas vyf jaar tevore het hy as soldaat hier na die Kaap die Goeie Hoop gekom, en hy het dit gelukkig getref, want eindelik ná die swerftyd, ná al die swaarkry en ellende, het hy 'n rusplek gevind: 'n eie plasie, genoeg vir hom en sy vrou, naby hul seun wat soos sy vader soldaat geword het en nou as korporaal in die garnisoen by die Kasteel dien. Baie storms het oor die ou man gegaan, baie bange dae en nagte toe die Dood se hand al koud op syne was. Daarom kan hy die nood van daardie mense op die skip so goed verstaan. Sy hart gaan uit na hulle, en hy kan nie weer rus kry nie.

Wolraad Woltemade loop na sy huisie, en die houtklompe aan sy voete suig swaar in die modder. Hy stoot die deur oop en stap binne. Dis maar 'n eenvoudige woning: net 'n hoë rietdak op vier lae sooimure, net een vertrek vir eet en slaap en kook en woon, met hul karige besittings daarin ten toon gesprei – 'n planktafel, 'n paar riempiestoele, 'n katel, 'n seemanskis, 'n lang kas. Maar dis syne, en dit is genoeg.

Sy vrou is by die haard besig om 'n bietjie melk vir hom warm te maak, en hy hoor die dik sop prut in die pot wat oor die oop vuur hang. Hy sien in die gloed die sagte rimpels op haar wange, die rosige skynsel van die vlamme oor haar witgrys hare. En hy weet dat hy haar liefhet sonder om dit in woorde te dink.

Toe ruk 'n sterker windvlaag aan die huisie dat die hanebalke kreun en die agterdeur uit sy knip spring. "Ons kind sal seker op die strand wees," sê Wolraad terwyl hy die deur haastig toedruk, maar dis eintlik aan die mense op die skip wat hy dink. "Ek kan gerus vir hom iets warms afvat." Maar dis eintlik die skip wat hy wil sien.

"Ek het 'n bietjie warm sop," sê sy vrou. "Ek sal dit in 'n emmertjie gooi. Maar moet jou nie onnodig gaan staan en ontstel nie. Hierdie dinge is nie in ons hande nie." Sy bedoel die stranding van die skip, want sy ken haar man se hart. Sag streel haar oë oor die gebeitelde wange en die silwer van sy hare. "Hier!" Sy gee vir hom die emmertjie, en hy soen haar vlugtig op die voorhoof, soos sy gebruiklike groet is. As hy by die deur kom, swaai hy weer om na haar toe en soen haar nog 'n maal, op die mond. Toe stap hy die storm in.

Die reënwolke dryf nog altyd uit die noordweste in, en die wind loei om die hoeke. Toe hy sy perd uit die stal lei, trap die dier vieserig in die modderplasse, maar sonder huiwering gehoorsaam hy sy meester se hand. Op 'n gelykmatige gang stuur Wolraad die perd teen die skuinste af terwyl hy die emmertjie sop versigtig in die een hand vashou.

Dis nie moeilik om die koers na die gestrande skip te kry nie. Uit die dorpie tou 'n streep nuuskieriges in die rigting van die Soutrivier, met soldate, werksmense, perde en waens tussenin; hulle moet gaan sorg dat al die goed wat van die skip uitspoel, veilig geberg en na die Kompanjie se magasyne gebring word. Skeepsbemannings is nie moeilik om te vervang nie, maar handelsware kos geld.

So dryf Wolraad saam met die stroom, maar altyd half aan die een kant, af na die kus toe. Dan kan hy die skip in die bleek môrelig sien: die trotse watervoël wat met wyd gespande vlerke die baai ingeloop het, en nou soos 'n hulpelose geraamte daar lê, vasgespoel op 'n sandbank reg voor die monding van die rivier toe die ankertoue meegegee het. Hy hoor die mense 'n naam noem. Dis *De Jonge Thomas* wat besig is om te vergaan.

As hy nader aan die strand kom, kan Wolraad die skerp bevele van die Kasteel se offisiere hoor:

"Staan terug daar!"

"Niemand mag aan iets raak wat hier uitspoel nie!"

"Plundering sal swaar gestraf word!"

Hy kan die stem van korporaal Woltemade, sy seun, duidelik tussen die ander uitken. Die jong korporaal wil eers die ou man wat so doodluiters, teen alle vermanings in, oor die strand aangery kom, met 'n verwensing terugstuur, maar dan sien hy dat dit sy vader is.

"'n Bietjie sop vir jou, my kind."

"Dankie, Vader." Die korporaal vat die emmertjie aan. "Maar staan tog liewers daar tussen die ander mense in, anders moet ek netnou weer hoor van voortrekkery en allerhande sulke stories."

Die ou man luister skaars wat sy seun sê. Duidelik, bo die gedonder van die golwe uit, bo die gehuil van die wind en die swiepende reënvlae, hoor hy die stemme van die gedoemdes op die skip om hulp roep.

"Gaan niemand dan iets doen om hulle te probeer help nie?" vra die ou man, meer tot homself. Hy weet daar moet minstens tweehonderd man op die skip wees.

Korporaal Woltemade slurp 'n sluk sop en vee sy mond met die agterkant van sy hand af. "Ons het net opdrag om hier wag te hou en te sorg dat niks gesteel word nie," sê hy.

Die skip wankel, en die geroep word dringender. Een matroos duik in die golwe af en verdwyn. Blindelings volg 'n tweede, spartel vertwyfeld, word ondergedompel, duik weer snakkend na bo om deur 'n laaste golf op die strand uitgespu te word. Hy is gered!

Maar die ander op die skip deins nog terug vir hierdie waagstuk, asof hulle op 'n wonderwerk wag.

En dit gebeur.

Terwyl die toeskouers om die gereddene saamdrom, terwyl die soldate na 'n paar vaatjies hardloop wat oor die strand spoel, stoot Wolraad Woltemade sy perd die golwe in.

Hy doen dit nie onbeheers nie; hy onderskat nie die gevaar nie. Hy weet net: hier is hy, hoog in jare, maar nog sterk en gesond, en hier is sy perd, 'n stewige dier. En daar anderkant roep mense in doodsangs. Hart spreek tot hart oor die golwe, en hy kan nie weier nie. As hy moet lewe met die las van soveel dooies op sy skouers sonder dat hy 'n vinger verroer het om hulle te probeer red, is dit beter om saam met hulle onder te gaan.

"Kom, my perd!"

Hy is al deur die eerste skuimgolwe voor die mense op die strand

34

hom gewaar en verbaas uitroep:

"Wie gaan daar?"

"Dis die ou boer!"

'"Dis Wolraad Woltemade!"

"Vader!"

Maar niks kan hom meer keer nie.

Hy stuur sy moedige perd tot langs die skip en roep: "Kom twee van julle!" terwyl hy met sy voor- en wysvinger hoog in die lug beduie.

Sonder aarseling spring 'n matroos en 'n soldaat af en gryp aan die stiebeuels vas.

Dit gaan moeisaam, tree vir tree, want so maklik laat die see sy prooi nie los nie. Nou verdwyn perd en ruiter met hul kosbare vrag diep onder die golwe, om dan weer hoog uit te duik. Maar hulle vorder, nader aan die strand, altyd nader. En dan kry hulle vastigheid vir hulle voete. Daar is genoeg gewillige hande om die twee van die skip verder teen die strand uit te help.

"Hoerê!" skree die omstanders.

"Dis ongelooflik," sê een.

"Dit sou ek nie geglo het as ek dit nie met my eie oë gesien het nie," sê 'n ander.

Wolraad het reeds weer sy perd se kop omgeswaai, terug die see in. Soos iemand wat met oorgawe werk, is al sy sinne toegespits op wat hy doen. "Hou hoog die perd se kop . . . Klou styf vir daardie brander . . . Stuur 'n bietjie links, want dit lyk asof die stroom ons wil wegvat . . ."

Op die skip en op die strand het dit stil geword. Gespanne hou hulle ruiter en perd dop. Net die elemente wil nie gaan lê nie.

Wolraad bring nog twee uit.

Nou sal hy seker tevrede wees. Mens en dier kan hierdie inspanning nie hou nie. Maar Wolraad het nog nooit 'n werk half gedoen nie.

Hy gaan in vir die derde maal.

Vir die vierde maal.

Tot sewe maal toe, en veertien gereddenes staan op die strand.

Maar hy sal aanhou tot sewentig maal sewe toe as hy kan en dit moet.

Die storm laai met nuwe geweld op toe Wolraad Woltemade vir die agtste maal sy perd na die skip toe stuur. Die skip se agterstewe bewe onder die woeste aanslag van die golwe. Elke oomblik nou gaan *De Jonge Thomas* in twee breek en onder die water verdwyn.

Langs die skip hou Wolraad twee vingers op soos die vorige kere. Maar die soldate en matrose voel reeds hoe die Dood aan hulle suig, af en af onder die koue golwe in. Roekeloos tuimel hulle op die redder en sy perd af: agt, tien, twaalf man en meer, pak dier en ruiter net waar hulle vatplek kan kry.

Wolraad Woltemade weet dat dit verby is toe die grypende hande hom en sy perd die eerste maal onder die golwe intrek.

Die tweede maal dink hy aan sy seun.

"My vrou . . .," prewel sy lippe die woorde toe die see vir die derde maal oor sy kop toevou.

Lewend het hulle hom nie weer gesien nie.

Vir dae en weke lank praat die mense van die Kaapse nedersetting nog oor Wolraad Woltemade se heldedood. Maar die lewe gaan voort, en daar kom ander nuus en beroerings.

Net bo in 'n huisie teen die voet van Tafelberg bly 'n vrou nou alleen. Soms kom haar korporaal-seun vir haar kuier, maar hy is nie dikwels vry nie, en dan verkies hy buitendien ook liewers die geselskap van sy eie maters.

"Wolraad, jy moes dit nie gedoen het nie," praat sy soms sommer so alleen by haarself as die hartseer te groot word. Maar telkens kom die stilte weer, en die begrip, en dan sug sy net en sê: "Wolraad, ek weet; jy kon nie anders nie."

DIE TWEE KAPTEINS

Hierdie vertelling voer ons terug na 'n byna vergete heldedaad wat twee
eeue gelede aan die Kaap plaasgevind het. Heldedade is altyd iets besonders,
maar dié ene is heeltemal buitengewoon.

Kaptein Staring frons. Nee, hier in Tafelbaai is alles nie pluis nie.
En as hawekaptein is dit sy verantwoordelikheid om toe te sien dat
die nedersetting van die Kaap die Goeie Hoop darem nie in sy eie
voordeur bedrieg en bedreig word nie. 'n Paar weke gelede was dit
'n onbekende skip wat donkeraand die baai ingeglip het, en die
volgende oggend het hy net gemaak dat hy wegkom sonder om
hom aan seine van die kus af te steur dat hy moet sê wat hy kom
soek. Nou is daar weer die Deen.

Dis die jaar 1781 en bewoë tye. Die Amerikaanse Vryheidsoorlog,

waarin die koloniste daar ver oor die see besig is om hulle van oorheersing deur die Engelse moederland vry te veg, is reeds meer as vyf jaar aan die gang. En oorlog is 'n seekat wat sy arms al wyer uitslaan en al meer na hom toe intrek. Dit pas Holland en Frankryk om vir die Amerikaanse vryheidsvegters kant te kies teen Engeland. Nou is die Nederlandse nedersetting aan die Kaap ook in die gedrang en word 'n vyandelike aanval op die sleutelpos in die Oosterse handel gevrees. Onder die Kaapse burgers is daar woelinge. Meer as 'n eeu al lê hulle oorhoops met die bewindhebbers: die Here Sewentien en hul Nederlands-Oos-Indiese Kompanjie wat net hul eie sakke ten koste van almal wil vul. Aangevuur deur die welslae van die Amerikaanse opstand protesteer hulle al hoe heftiger. Daar is wel nog nie geskiet nie, maar 'n mens weet nooit.

Dis waarom hierdie geheimsinnige besoekers kaptein Staring so hinder. Wie sê dat die skepe nie besig is om wapens in te smokkel nie? Hy is nie blind vir die burgers se moeilikhede nie, maar sy plig as offisier kom eerste. Buitendien weet hy dat bewindhebbers kom en gaan, die goeies en die slegtes, maar die land bly.

Kaptein Staring staar peinsend uit oor die stil water van die baai na waar die vragvaarder met die Deense vlag aan sy mastop liggies in die deining wieg. Die skip het in die nag aangekom. Hy het op geen seine van die land af ag geslaan nie. Nou het 'n visser berig gebring dat hy bootjies van die skip laer langs die kus af bondels aan wal sien sit het. Gewere? Die saak lyk ernstig.

Dan het die kaptein sy besluit geneem. Hy stap na die nuwe kusbattery met sy twee kanonne wat spesiaal vir so 'n gebeurlikheid opgerig is en sê vir die offisier in bevel: "Stel die kanonne op die Deen in. Ek gaan aan boord. Hou my deur jou verkyker dop. As ek

my serp afhaal en waai, moet julle vuur. En hou aan met skiet tot ek weer die teken gee – al moet julle hom ook kelder."

"En wat van Kaptein self?" vra die offisier verbaas.

Kaptein Staring haal sy skouers op. "Kom ek om, so kom ek om," sê hy gelykmatig. "Maar so gaan ek nie langer met my laat kat en muis speel nie."

"Goed, Kaptein," sê die offisier.

Kaptein Staring ry vinnig met sy perd na die kaai toe en kommandeer 'n boot.

'n Vasmeertou word losgegooi. Spane klim en daal. 'n Sloep skiet oor die baai. Die kaptein is op pad.

Die skip kom al hoe nader. Bokant die relings word dowwe buitelyne nou onvriendelike gesigte en glurende oë wat elke beweging van die besoekers wantrouig dophou. Toe die sloep langsaan aanlê, brul 'n harige man met goudkoord aan sy uniform van bo af: "Wat wil julle hê?" Dit moet die skeepskaptein wees.

"Dis presies wat ek vir u kom vra," antwoord kaptein Staring onverstoord, gryp die touleer langs die kant van die skip vas en klouter boontoe.

"Jy weet . . . ," sê die Deense kaptein.

"U weet . . . ," sê die Hollander.

So staan hulle teenoor mekaar: nie een meer jonk nie, altwee manne van die see. Eintlik moes daar nie veel verskil tussen hulle gewees het nie. Maar die een het altyd reguit probeer loop, terwyl die ander kortpaadjies na skielike rykdom gesoek het. Daarom is een nou die held van die geskiedenis wat hom hier op hierdie mooi oggend op die stil blou water afspeel – en die ander die skurk.

"Jy weet dat jy g'n reg het om 'n onskuldige skip onder 'n neutrale vlag so tromp-op te loop nie," probeer die Deen nog vir oulaas keer.

"U weet dat ek as hawekaptein die gesag het om vas te stel wat se vrag u vervoer," dring die Hollander onwrikbaar aan.

Die Deen snork deur sy neus. Dit lyk asof hy sy treiteraar wil bespring. Hy is 'n reus met rollende spiere. Sy teenstaander is skraal en seningrig. Dan bulder hy 'n bevel: "Vat hom, manne!"

Gewillige hande gryp. Oë spot. Monde snou. Hulle is van dieselfde stoffasie as hulle kaptein, anders sou hy hulle nooit gekies het nie. En toe hy weer praat, lag hulle luid – nie uit die hart nie.

"Bootsman, laat ons vaar!" praat die Deen. "Hierdie kapteintjie weet dit nie, maar hy gaan op 'n lang, lang reis, en of hy weer daarvan sal terugkeer, kan ek self nie sê nie."

"Kaptein," sê kaptein Staring kalm, "as u probeer wegkom, sal my manne skiet." En hy beduie met 'n kopbeweging in die rigting van die kusbattery.

"En hulle liewe kaptein saam met my in die golwe begrawe?" koggel die Deen. "Moenie vir my sulke stories probeer vertel nie."

"Goed dan," antwoord kaptein Staring, ruk hom onverwags uit die hande van sy gevangenemers los, storm na die reling toe, gryp die serp van sy nek af en begin dit wild swaai in die rigting van die kusbattery.

Die twee matrose slinger hom op die dek neer. Maar dis te laat.

Die donker boggel van die kusbattery het skielik twee wit pluime bo sy kop. Daar is twee skerp geluide. Dan spring die see net voor die skip se boeg in 'n wit saluut omhoog. Die pluime waaier nou met gereelde tussenpose. Nog een maal antwoord die water. Dan kerm die hout. Die eerste kanonkoeël het oor die dek geskeur en 'n handvol manne platgegooi.

"Wat sê u nou, my vriend?" vra kaptein Staring met 'n laggie.

43

Maar die Deen begryp nog nie. "Trek hom aan die hoofmas op!" beveel hy. "Dan kan sy maters beter sien waar om te korrel."

'n Tou swaai om sy lyf en vreet geniepsig in sy vleis soos hy sonder meer omhoog gehys en vasgebind word.

Die kanonkoeëls trommel 'n eentonige wysie in tweeslagmaat teen die skip se kant, oor sy dek en in die maste uit: de-doef! de-doef! En telkens is daar 'n krakende refrein soos hout oopskeur of tuimel, vermeng met die geskel en geskree van gewondes.

Nog wil die Deen nie kopgee nie. Die kanonne vuur onophoudelik. Die Hollander swyg.

Die bootsman kom aangehardloop. "Kaptein!" roep hy. "Ons kan nie eens probeer wegkom nie; die symaste is plat. En die skip sal nie veel langer vlot bly nie, want hulle is besig om hom voos te skiet."

Die Deen kyk boontoe na waar die Hollander hang. Weer is dit hulle twee teenoor mekaar: kaptein teen kaptein – en die een weet nie of hy gewen het nie, maar hy gaan nie ingee nie; die ander weet dat hy verloor het; maar hy wil dit nie aanvaar nie.

De-doef! De-doef! De-doef! trommel die koeëls.

"Kaptein!" smeek die bootsman.

De-doef! De-doef!

"Haal hom af!" beveel die Deen.

Die matrose verdring mekaar om te gehoorsaam. So iets het hulle nog nooit gesien nie: 'n man wat sy eie mense beveel om op hom te skiet. Dit kan hulle nie begryp nie: dat selfs die kanonkoeëls na sy stem luister en hom geen kwaad aandoen nie! Bygelowig mompel hulle onder mekaar.

"Gee u oor, Kaptein?" vra kaptein Staring toe hy onder kom.

Die Deen se gesig is donker.

De-doef!

"Ek gee oor," sê hy.

Weer wuif kaptein Staring se serp. Die wit pluime veryl in die wind. Die getrommel is stil. Net die skip bly kla.

Moeisaam sukkel die vragvaarder na die kaai toe. Daar staan 'n afdeling soldate gereed om dadelik aan boord te gaan. Ja, die ruime is vol ammunisie en gewere. Die Deen is 'n smokkelaar. Dis goed dat hy gekeer is voor hy nog meer onrus kon stook.

Driewerf hulde aan die dapper hawekaptein! As hierdie storie eers bekend raak op die wye seë en in die herberge aan die oseane, sal skelm vaarders twee maal dink voor hulle weer by die Kaap kom lol.

"Kaptein Staring . . .," begin die kommandant van die garnisoen. Maar hy kry g'n antwoord nie.

Langs die kus op skuif 'n perderuiter oor die strand. By die battery hou hy stil.

"Knap gedaan!" roep die offisier in bevel toe hy hom sien.

"Knap geskiet, julle manne!" bedank kaptein Staring hom.

45

SHAKA

Shaka was ongetwyfeld een van die grootse militêre leiers en staatsmanne wat Swart Afrika nog opgelewer het – hy, die man wat die Zoeloes 'n volk gemaak het. En niemand kon ooit sy moed in twyfel trek nie. Hy was 'n gebore held.

1. Die Swartmamba

Die wit bul wei in die son, sy skof 'n bult teen die hemel, en hy plant sy bene wyd. Dis 'n goeie jaar, en hy weet dat hy die koning van die trop is. Hy versit 'n tree en druk sy neus diep in die malse gras van die groen heuwelhang.

Dis asof sy spiere sing onder die gladde spanning van die vel. Hy lig sy magtige nek, die hare kroes soos 'n kroon tussen die wye horings, en hy bulk: laag en diep en donker soos die aarde, maar dit bly nie daar nie, word hoog en vry, en goud en silwer soos die dag. Die bul is dronk van sy eie krag, sy voorpoot kloof die grond en skiet 'n stortvloed kluite en gras teen sy lyf op terwyl hy bulk en bulk en bulk.

Die wit bul het dit nie bedoel nie, maar hy moes die slang gesteur het wat in die gras lê – die glimswart mamba met die gevurkte tong en die koue oë. Die slang lig sy lang lyf en slaan sy giftande vas, en hy pomp al sy venyn in die bul uit.

Dis krag teen krag, en dood teen lewe.

Nou dans die bul teen die hange, en hy swaai sy kop en skud en skud om sy aanvaller van hom af te kry. Hy bulk nog, maar die lied is vals en hees, breek in die middel af en ontplof in 'n lang dun kreet. Toe kantel die son, en die aarde gryp hom vas. Die bul skop-skop nog een, twee maal. Dan is hy stil.

"Swartmamba!" gil die beeswagtertjies. "Hy het die koningsbul gepik!"

Hulle het almal opgespring en staan nou – gereed om te vlug,

46

maar tog geboei deur die verskrikking – na die bul se laaste stuiptrekkings en staar.

Net een het van die groepie weggebreek.

Net een skuif vlug soos die skaduwee van 'n valk oor die gras, reguit na die bul en die slang toe.

Dis die klein Shaka, nog skaars dertien jaar oud.

Die slang het die bul doodgemaak. Daarom moet die slang ook boet. Hy oorweeg nie eens die gevaar nie. Dis net die lafaard wat sterwe voor sy tyd gekom het.

Toe die mamba hom van die bul losmaak, flits die kierie al deur die lug. Shaka haal uit met al sy mag, en die hou skud die slang, maar hy slaan terug, sissend. Tog is sy bewegings nie meer so suiwer nie, en die seun kan hom ontwyk. Weer tref die kierie, weer en weer. Die slang het te swaar geword vir sy eie spiere, en hy pik magteloos heen en weer voor die genadehou sy kop verbrysel.

Hy ril nog asof die lewe hierdie mooi blink lyf nie wil verlaat nie. Maar dit is verby.

Die seun kyk nog een maal na die dooie slang. Dan spu hy in die gras, vervat sy kierie gemakliker en stap weg.

Ongelowig kom die ander beeswagtertjies nader.

"Hy het die swartmamba doodgemaak!"

"Shaka het!"

"Hy!"

Toe hy daarvan hoor, laat die kaptein van die stat sy mense bymekaarkom, en hy prys die seun sodat almal dit kan hoor: "Vandag het hy 'n dapper man se werk gedoen." Hy gee Shaka 'n bok as beloning.

Daardie aand eet sy familie en die ander beeswagtertjies almal saam aan die vleis wat Shaka verdien het.

Shaka knik-knik sy kop as hy praat, soos hy die manne van die stam altyd sien maak. En sy oë blink in die vuurlig.

Die honde het 'n luiperd in 'n boom vasgekeer, en Shaka is daarby. Hy is nou negentien jaar oud. Die jong man weet dat hy eintlik moet wag tot die ouer jagters van die stam gekom het, maar hy is Shaka. Met twee werpassegaaie en 'n knopkierie gewapen, stap hy tot op vyftien tree van die dier af waar hy verwoed uit die takke na die honde kap.

Shaka se eerste assegaai tref die luiperd in die rib, maar dis te ver agtertoe om werklik skade aan te rig. En nou is daar geen keer aan die dier nie. Hy kom teen die stam af terwyl hy kortaf in sy keel grom soos luiperds maak as hulle aanval. Agter hom kef die honde, maar hy kyk nie eens om nie. Sy oë is net op die man, en hulle weet altwee dat die Dood tussen hulle moet kies, want nie een gaan wyk nie.

Kalm verskuif die jong man sy oorblywende assegaai na sy linkerhand, die gepunte lem effe voor hom uit, terwyl hy die knopkierie in sy regterhand vasvat. Bloeddronk storm die luiperd.

Hul oë bind mekaar – die een paar wyd gesper van haat, die ander berekenend.

Nou is nog net die dun punt tussen hulle. Met al die geweld van sy liggaam hardloop die luiperd in die assegaailem vas, en toe hy met sy voorpoot kap, beuk die mokerhou van die kierie oor sy skedel. Leweloos sak die rower aan die voete van die jong man neer.

"Shaka! Ai, Shaka!" prys die manne toe hulle daar kom, en hy moet self die vel na die kaptein toe vat om vir die koning te stuur, want luiperds is koninklike buit. Maar Shaka is die koning van die jag.

3. Die Mal Reus

Hulle is almal bang vir hom – die groot man met die lyf van 'n mens, maar die hart van 'n hiëna wat net onder die swakkes wil plunder en vermink. Daarom noem hulle hom die Mal Reus, en selfs die dapperstes laat hul koppe sak as hulle sy naam hoor, want hulle durf hom nie in die oë gaan kyk nie.

Hy het vir hom 'n hut en 'n kraal teen 'n heuwelhang gebou, en nou lewe hy van die vee wat hy uit die troppe van die omgewing roof. Die beeswagtertjies vlug as hulle hom net sien aankom, en hy kan uitsoek wat hy wil. Hele afdelings soldate is al uitgestuur om

hom te straf, maar hy sit voor sy kraal aan sy lang pyp en trek tot hulle naby genoeg gekom het. Dan storm hy met sy groot byl uit en dryf hulle halsoorkop teen die helling af, en hulle val soos blare in die wind.

"Nee, dit help nie om teen hom te veg nie," sê die mense nou, "want hy kan nie sterf nie." Hulle sal graag uit sy pad bly as hy hulle net met rus wil laat.

Toe kom Shaka daar verby op pad terug ná 'n geslaagde veldtog. Hy is nou 'n kryger, pas aangestel as hoofman van honderd, drie en twintig jaar oud. Oral hoor hulle nuwe verhale van die Mal Reus se astrantheid. "Ons moet gaan regmaak wat verkeerd is," sê Shaka vir sy regiment, "of anders sal hy nog baie meer insluk." Met 'n klein afdeling swaai hy weg van die hoofmag af na die Mal Reus se woonplek toe.

Hulle wil sommer stormloop, die manne van manne, want hulle het hart, en hulle mag nie voor hul aanvoerder in die skande kom nie. Maar Shaka keer hulle. "Nee, kinders van mense," sê hy, "laat ons eers ons lywe skaars hou en net ons oë daar neersit, dan praat ons weer." Hulle kruip weg en hou die groot man die hele oggend lank dop. Hulle sien hoe die Malle voor sy kraal sit en rook, en so elke uur staan hy op en verdwyn agter die hoek in om te kyk of sy klompie beeste nog veilig wei.

Die son klim tot by die kruin en begin teen die lang skuinste afdaal toe Shaka opstaan. "Ek gaan nou," sê hy vir sy manskappe. "Bly julle hier. Dit help nie as die hele trop een se bloed drink nie. Laat ons bul teen bul wees." Hulle mag nie teëpraat nie, maar hulle vrees om sy onthalwe.

Met sy kort steekassegaai en sy skildvel gewapen, begin Shaka teen die hang uitdraf toe die Reus weer na sy beeste gaan kyk het. Toe hy na sy sitplek terugstap, is sy aanvaller op hom. Dis deel van Shaka se plan om hom onverhoeds te betrap sodat die Reus dadelik op die verdediging kan wees. Die Malle skree hoog en skril toe hy die ivoorsteel van sy reusebyl beetpak en op Shaka afstorm. Hy kap wild en woes om met één hou klaar te speel, maar die jong kryger is te vinnig vir hom, en hy klief net lug. Weer en weer kap hy, maar Shaka bly onder die lem uit.

Die Mal Reus brul soos 'n verwoede bul. Skuim vlok uit sy mond. Shaka is besig om hom sy kragte te laat verspil met die nuttelose drif van sy aanvalle, maar hy kan homself nie keer nie. Besete kap hy dat die byl blink boë oorheen trek.

Nou neem Shaka oor. Hy veins na regs, en die Reus volg met sy lem. Toe trap hy links en dryf vorentoe. Maar die Mal Reus is ongelooflik rats, en in plaas dat Shaka bloed trek, ontwyk hy die assegaai en kap terug. 'n Oomblik voel Shaka die Dood bedrieglik koel teen sy lyf. Toe skiet die brandpyn deur sy skouer waar die skrams hou hom getref het. Hy gee die Reus nie nog 'n kans nie. Met die terugswaai soos hy weggekoes het, bring hy die steekassegaai blitsig op. "Si-gi-di!" roep hy sy oorlogskreet toe die Mal Reus voor hom neersyg. Die geveg is verby.

Jubelend storm sy manne nader, en hulle oorlaai hom met lofbetuigings. En die roem van sy daad spring van mond tot mond. Dit hardloop met tien en honderd en duisend vlugge voete die land vol tot by die koninklike hof. Die vroue kom hom singend tegemoet toe hy na die hoofstat terugkeer. Agter hom aan tou die kinders, wat maar net hul hande in die groot man se voetspore wil lê sodat hulle eendag ook so dapper soos hy kan wees.

En daar is 'n nuwe naam op tienduisend en honderdduisend tonge. Hulle sê Shaka is Unodumehlezi: hy wat die aarde laat dreun met 'n knik van sy kop.

WAALIE

Tjaart van der Walt was een van die uitmuntendste Boereleiers van die Kaapse koloniste in die 18de en 19de eeu. Vir ons is hy vandag nog 'n voorbeeld van 'n heldefiguur wat tot die dood toe die vreeslose vegter gebly het.

Lang, lui eggo's van swaar geweervuur draal in die bergklowe op en vervaag. Dan is dit stil.

Die man met die grysende baard en die arendsoë luister. Hy knik sy kop. "Hulle het gevlug," sê hy. "Saal julle manne maar solank daar langs die rivier af, en laat ons iets te ete kry. Ek en Holland gaan eers 'n bietjie verken."

"Goed, Kommandant."

Die groepie swaai weg na die water toe terwyl die kommandant en sy agterryer reeds bergwaarts aanstoot. Dit gaan altyd so dat hy die gevaarlikste werk vir homself uitsoek, maar sy burgers is

56

heeltemal gerus. Hulle ken Tjaart van der Walt, en hulle ken Holland. Dis 'n goeie paar.

Soos hy daar ry, sy liggaam oorgegee aan die gemaklike gang van sy perd, ontgaan niks Tjaart van der Walt se blik nie. Die skermutseling van die oggend was skerp en hewig, en onbeslis soos gewoonlik. Dit was weer 'n bende van Klaas Stuurman, die gedugte Khoi-aanvoerder, waarmee hulle slaags geraak het – Stuurman wat nou al twee, drie jaar lank 'n rooi spoor van bloed en vlamme langs die Kaapse oosgrens ooptrap. Dan is daar die nimmereindigende bedreiging van die "klein mensies" boonop: San-jagters wat uit die niet opduik en verdwyn, maar nie sonder dat hulle eers hul tol geëis het nie. Tog wil die Boere nie kopgee nie.

Tjaart van der Walt is op die voorposte gebore. Vandat hy sy verstand gekry het, was daar hierdie stryd om die land en die lewe self, en nou is hy al in sy vyftigerjare. Hy het 'n gedugte vegter geword en 'n vreeslose burgerleier oral waar hy hom gevestig het: in die Roggeveld, in die distrikte Graaff-Reinet en Swellendam; sy naam 'n hoop en 'n verskrikking vir vriend en vyand.

Hy is so 'n knap skut met die geweer dat om 'n "Van der Walt-skoot te skiet" spreekwoordelik is onder sy mense.

Waalie noem die Xhosas hom: die "wit god" wat sy teenstanders verstrooi sonder dat hulle hom aan die lyf kan kom.

Maklik is die kommandolewe nie. Dis dikwels maande in die veld, deur koue en reën en dorre hoogsomerdae wanneer hulle met hul dors wye draaie om die waterpoele moet gooi omdat hulle nie weet of die San dit dalk vergiftig het nie. Perdesiekte maai hul rydiere af, en die eie kragte word gesloop.

En nou, hierdie veldtog. Van 1799 af is hulle kort-kort uit, en dit is reeds 1802. Die bitterste was toe sy eie seun, die jonge Tjaart, vroeër die jaar geval het, maar voor die wil van God moet die mens swyg.

Die kommandant se gedagtes dwaal terwyl die twee perde versigtig hul pad tussen rotsblok en doringstruik deurvleg aan die voet van die Groot Winterhoekberge wat hoog bo hulle breërug maak teen die hemel.

"Grootseur . . ."

Toe Holland dringend fluister, het die kommandant al die roering reg voor tussen die bosse gesien. Daar is dit weer, ongetwyfeld een van Stuurman se volgelinge.

Elke beweging is nou doelgerig: geweer gereed, die sintuie gespits, terwyl hy versigtig nader ry. Skuins agter hom volg Holland sy voorbeeld.

"Grootseur!"

Hy weet nie hoe hy hom so kon laat mislei het nie. Die vlugteling daar voor het tog te opsigtelik probeer wegkom. Dis 'n hinderlaag. Toe Holland vir die tweede maal roep, begin die Khoi van weerskante af vuur.

Tjaart van der Walt was al meermale in die noute, en hy probeer ook hierdie keer ontsnap, maar dit is anders beskik. Vinnig kap hy sy perd in die sye en gee hom die teuels om onder die koeëls uit te jaag, toe die stuk lood aan hom ruk. 'n Oomblik voel dit asof hy swewe, los en vry. Dan tref sy liggaam die grond met 'n swaar slag en bly net so lê soos hy geval het. Instinkmatig weet die man dat sy uur gekom het, maar die vegtershart word nie so maklik stil nie. Met 'n laaste kraginspanning beur hy orent en gryp sy hande die geweer vas. Nog één maal vind sy oog die korrel doodsekuur. Die vyand is nou al feitlik op hom, en met 'n skoot lopers maai hy ses van hulle af.

"Waalie!" kerm Holland.

Dit help nie meer nie. Die "wit god" is dood.

Later het sy burgers hul kommandant se lyk gekry en dit met die nodige eerbewyse op 'n plaas daar naby gaan weglê.

DIE HELDIN VAN GRAHAMSTAD

Elizabeth Salt wat in die die geskiedenis as die Heldin van Grahamstad bekend staan, was 'n Franse nooi Covare van geboorte, en sy het later met sersant Salt, 'n Britse soldaat, in die huwelik getree. Sy was ongeveer vier en dertig jaar oud toe sy haar kordaatstuk op 22 April 1819 tydens die Slag van Grahamstad verrig het.

Tienduisend Xhosa-krygers stroom die heuwels af. Die veerpluime dans op hul koppe; om hul arms en bene dans die bande ossterte saam. Hulle ratel die assegaaie en slaan op die skildvelle, en hulle skree en skree. Onder wag die dun lyn verdedigers: driehonderd

Britse soldate en dertig burgerlikes, mans en seuns. En daar is die vroue en kinders.

Dis nege-uur in die môre. Die Xhosas kom al nader – honderd tree, vyftig, veertig, vyf-en-dertig. Toe kraak die eerste sarsie, en die voorste ry aanvallers kantel. Twee klein kanonne saai die dood nog verder. Die Xhosas huiwer en koes agter hul skildvelle weg. Weer maai die dood.

So slinger die geveg die hele oggend heen en terug. Die Britte het twee punte om te verdedig: die dorpie self, en ook die Oostelike Kaserne, 'n myl weg; die Xhosas storm bankvas. Veral die manne van die kaserne loop swaar deur: net sestig sterk. Hulle laai en skiet, laai en skiet sonder ophou.

61

Maar wat is nou aan die gang? Deur die gevegsrumoer kom die mense in die dorp skielik agter dat die skote by die kaserne al yler val. En daar is g'n teken dat die Xhosas wyk nie.

"Hulle kruit is op!"

Dis al verklaring. Die mense kyk mekaar verslae aan. Die kaserne is heeltemal afgesny. Sonder kruit is hulle verlore.

"Ek sal gaan." Dis 'n jong vrou van kort in die dertig wat so praat. Elizabeth Salt is haar naam, die Franse vrou van 'n Britse sersant.

"Maar jy kan dit mos nooit doen nie! Jy soek jou dood!" roep die mense onthuts uit.

Elizabeth Salt het al 'n vaatjie kruit op haar skouer getel. "Die Xhosas is krygsmanne," sê sy kalm. "Hulle sal 'n weerlose vrou nie molesteer nie."

"Dis wat jý dink!" maak die mense beswaar.

Maar Elizabeth stap – en hulle volg haar met die oë, uit die kring van vriend en makker, uit die beskutting van kanon en geweer, uit tussen die assegaaie in.

Die swart krygers kyk haar verbaas aan. Hulle weet nie wat sy wil doen nie; hulle weet nie waarheen sy gaan nie. Maar dis 'n vrou. Nog nooit het hulle 'n vrou koelbloedig doodgemaak nie. In die hitte van die geveg, ja; in die oorwinningsroes sal hulle platvee wat voorkom. Maar nie só nie.

En Elizabeth stap, rustig, sonder om haar te haas. Elizabeth stap die myl tussen die Xhosas deur totdat sy haar kosbare vrag voor die luitenant in bevel by die Oostelike Kaserne neersit.

"Dankie, mevrou," sê hy. Gretig gryp elke verdediger sy porsie kruit. Die Xhosas storm met hernieude geweld. Hulle dring tot in die kaserneplein deur. Met swaar verliese word hulle teruggeslaan. Nou kan hulle nie meer nie, en hulle draai om.

Die Slag van Grahamstad is gewen. En die Oostelike Kaserne is gered – danksy Elizabeth. Hulle noem haar die Heldin van Grahamstad.

DIE LANG TOG

In die herfs en voorwinter van 1827 het 'n jong seun van Skotse herkoms, John Ross, 'n heldedaad verrig wat uniek in ons geskiedenis is. Maar al was die gevare ook hoe groot, het hy hom deur niks laat stuit nie.

Die seun buk by die tentopening uit en staar oor die stil water van die baai. Dan dwaal sy oë na die bosryke groen heuwelland agter hom. Alles is so bedrieglik kalm, maar oral skuil die Dood.

Dis nou twee jaar vandat hulle met hul groot seilskip vol handelsware van die Kaap die die Goeie Hoop af hier in die baai van Port Natal aangekom het. Alles het goed gegaan, en hulle het gehoop om 'n groot slag te slaan by die Zoeloes wat in hierdie wêrelddeel woon. Maar 'n seestroom het hul skip vasgegryp, en daar was g'n keer nie. Die *Mary* is hulpeloos teen 'n sandbank geslinger om daar te vergaan. Van die strand af kon die klompie blanke handelaars en jagters wat hier hul hoofkwartier ingerig het, maar net magteloos staan en kyk hoe die opvarendes met bootjies en die krag van hul eie liggame strand toe spartel. Almal het wonderbaarlik ontkom, maar die skip was verlore. "Dan bou ons 'n nuwe," het luitenant King, die aanvoerder, gesê. "Hier is baie bome en genoeg wrakhout."

Die werk vorder bitter stadig. Twee jaar lank is hulle nou al daarmee besig, en hulle is nog ver van klaar. Twee jaar . . .

John Ross bly voor die tent talm. Oral loop die klein swart spoortjies van die muf teen die seildoek uit, om plek-plek in hele kolonies saam te koek. Groot skeure is met plantvesel toegewerk, maar dit begin ook al weer meegee. Die seun se eie klere is net so gehawend. Sy growwe seemansbroek is lankal gedaan, en hy moes vir hom iets van gebreide bokvel en seninggare prakseer. Sy hemp en baadjie probeer hy nog met lappe aanmekaarhou. Maar self lyk hy songebruin en taai, sy oë helderblou, en sy goue hare vol van die son.

65

Luitenant King kom uit sy huisie met die mure van strooi en klei en 'n lae rietdak gestap.

"Môre, Luitenant," groet John flink.

"Môre, John," antwoord die luitenant, en hy loop ingedagte verder. John hou nie daarvan om die man wat hom by die Kaap as kajuitjonge in diens geneem het en wat hy die afgelope twee jaar geleer respekteer en as 'n vader aanvaar het, so te sien nie. Hy weet die luitenant is bekommerd, want daar is 'n hele paar van die manne siek, en hul medisyne is gedaan, hul voorrade van feitlik alles op. En al plek waar hulle dit kan kry, is by die Portugese van Delagoabaai – drie, vier honderd myl oor ruwe land. Gister nog het die luitenant gevra of niemand dit wil waag nie, maar daar het g'n enkele vrywilliger na vore gekom nie.

John se besluit is klaar geneem. Hy drafstap agter luitenant King aan.

"Ek sal gaan, Luitenant," sê hy.

Die luitenant steek vas. "Ekskuus, John?" sê hy onbegrypend.

"Ek sal Delagoabaai toe gaan vir die medisyne en die ander goed," verduidelik John.

Luitenant King kyk die seun ondersoekend aan. Hy is nou vyftien jaar oud, skraal gebou, maar gebrei, en 'n moedige mens. Miskien slaag hy tog. Miskien.

"Asseblief, Luitenant!"

"Goed dan. Ons kan in elk geval nie so voortgaan nie."

John vertrek met 'n klompie geld, sy geweer en twee swart draers om hom te help. Hulle loop reguit na die hoofstat van Shaka, die groot Zoeloe-koning, toe. Shaka en die paar blankes van Port Natal kom gewoonlik goed oor die weg, maar dan is daar weer dae dat die koning dreig om hulle in die see te jaag. John weet nie wat hy van hierdie ekspedisie gaan sê nie, maar hy weet ook dat dit nie sal help om so iets in die geheim te probeer doen nie, want die koning het 'n duisend oë teen elke berghang en in elke vallei van sy land.

Die Zoeloe-koning ontvang die seun heeltemal vriendelik. "Mamo!" roep hy uit toe hy van sy planne hoor. "Maar jy het lewer. Nee, sulke dapperheid sien 'n mens nie elke dag nie. Hoe dink jy gaan jy deurkom?"

"Met my kop, my hart en my geweer," antwoord John.

Die koning lag met sy tande wit in die son. "Ek hoor jou. Jy praat met die stem van 'n man. Die dood van 'n duisend lafaards hinder my nie, maar oor elke dappere wat val, is ek bedroef. Ek sal jou help. Mooi loop, wit bulletjie. Die groot swart bul sal die pad vir jou oopmaak."

Shaka stuur twee afdelings van sy soldate saam om die seun te beskerm, en hulle vat ook tien paar olifanttande om te gaan verruil. En voor hulle uit vlieg die boodskappers deur die land sodat daar orals vir hulle kos en slagosse gereedgehou word.

Deur Zoeloeland gaan dit goed, maar dan kom hulle in die woeste streke waar vyandige stamme met die geweld van hul assegaaie die pad vir elke vreemdeling probeer toemaak. Daar is leeus en luiperds en gifslange, en die dreigende land self wat strome rotsblokke op hulle afstort, of gulsig in stroke los wilsand op sy prooi lê en wag.

John se sintuie word geskerp soos die sintuie van die veldkind skerp is, omdat hy weet dat net die vernuf van sy eie liggaam die Dood van hom af kan hou. Ritselende blare, 'n flitsende skaduwee kry vir hom nuwe betekenis. Hy leer gevaar voel en ruik en proe.

"Julle is manne van manne," prys John sy Zoeloe-lyfwagte toe hulle die aand weer om hul kampvuurtjie sit. Voordag daardie oggend het hulle 'n leeumannetjie verwilder wat om hul slaapplek kom rondsnuffel het. Later in die dag het John 'n groenmamba se kop weggeskiet waar hy uit 'n laaghangende tak gedreig het. En vanmiddag weer was dit bul teen bul toe aanvallers skielik uit die lang gras om hulle geswerm het; maar Shaka se soldate ken hul werk, en die vyand het halsoorkop op die vlug geslaan. "Julle is manne van manne," mymer John Ross. "En Umdali – die Here – is goed vir ons."

"Hy is goed vir ons," bevestig die Zoeloe-aanvoerder plegtig.

Hulle stap deur broeiwarm dae, want hoewel dit al Mei-maand is, ken hierdie wêreld nie so iets soos winter nie. Dor landwinde brand

hul kele, maar teen die aand stoot daar altyd weer 'n koel seebriesie in, want hulle bly naby die kus, al is dit ook 'n ompad, sodat hulle nie dalk verdwaal nie.

Eindelik kom hulle in die gebied van 'n vriendelike kaptein, en hier kan hulle 'n slag goed en veilig uitrus. Toe hulle weer vertrek, is daar gidse by om hulle die pad te wys. Hulle steek 'n groot rivier in kano's oor. Nou lê daar nog net twee dae se stap voor.

Toe: 'n vlag, 'n fort, 'n klein nedersetting. Dis Delagoabaai.

"Ons is hier, manne!" sê John Ross, en sy oë lag.

"Ons is hier, seun van die witman en self ook man," antwoord die Zoeloe-aanvoerder.

Maar die Portugese is glad nie so vriendelik nie. "G'n Christenmens sal 'n seun so ver deur sulke gevare stuur nie!" roep die kaptein van die wag by die fort uit toe John sy verhaal aan hom vertel. "Julle is Shaka se spioene!"

John hou vol met sy storie, en die Zoeloe-aanvoerder bevestig. Hulle wys die geld en die olifanttande. Spioene sal tog nie sulke ruilware met hulle saamdra nie. Toe eers is die Portugese oortuig. Nou word daar 'n hele ophef van John gemaak. Hy kry al die

medisyne wat hy nodig het, gratis. Hy koop ander voorrade. Die
Zoeloe-aanvoerder oorhandig twee van die olifanttande as geskenk
van sy koning. Die ander verruil hy vir krale. Daar is genoeg vir tien
man om te dra.

Drie dae lank rus hulle by die fort, maar John hou sy oë oop.
Nee, alles is nie pluis nie. Daardie Fransman wat hier ronddwaal, is
kastig baie vriendelik, maar hy is 'n slawehandelaar, en hy kyk glad
te graag na die sterk, taai lywe van die seun se Zoeloe-gevolg.

"Ons moet loop," sê John die derde middag onverwags vir die
Zoeloe-aanvoerder.

"Dan loop ons," antwoord die Zoeloe.

En net so stil soos hulle uit die bos gekom het, verdwyn hulle
weer. Nou is die harte lig, want die pad huis toe loop altyd afdraand.
Maar hulle kan tog nie te vinnig trek met al die voorrade nie. Om
hulle skuil nog altyd dieselfde gevare.

Drie weke later staan John weer voor Shaka. "Bayete!" groet hy
hom soos 'n koning gegroet moet word. "Ek kom dankie sê."

"Jy is 'n man met die lyf van 'n seun," sê Shaka. "Ek noem jou
iQawu – die held."

71

DIE LANDSOEKER

In die geskiedenis word die name van baie vreemde manne as ontdekkers geroem, maar Carolus Trichardt bly vergete, hoewel hy seker die grootste Afrikaanse ontdekkingsreisiger van alle tye was. Saam met sy vader, Louis Trichardt, het hy die rampspoedige trek van 1836 deur die Soutpansberg na Mosambiek meegemaak. Daarna het hierdie onverskrokke pionier, wie se lewe feitlik van dag tot dag 'n heldedaad was, die Ooskus van Afrika en die binneland van Madagaskar oor 'n afstand van byna drie duisend kilometer verken, gewoonlik alleen op lang staptogte. Ondanks sy byna roekelose bestaan is hy eers op die gevorderde leeftyd van negentig jaar in 1901 oorlede.

Ek is gebore op die 3de September 1811. My vader was veldkornet op die grens van die Kaapkolonie.

Hulle was van die voorste mense aan die Oosgrens, die Trichardts. Sy medeburgers het na Louis, die vader, opgesien as 'n leier, en Carolus, sy oudste seun, was sy regterhand met die boerdery. Eintlik moet daar g'n rede gewees het waarom hulle nie rustig kon woon en werk nie.

Tog is daar gedurig moeilikheid. Die Engelse bewindhebbers wat van 1806 af vas in die saal sit, trek die teuels party plekke te styf op, en dan laat hulle weer loop waar hulle liewers moes ingehou het. Oor één ding is hulle onverbiddelik: Engels moet die enigste taal wees, vir Brit én Boer – maar roofbendes wat oor die grens stroom en plase plunder, word nie na behore gestraf nie. Die grensboere raak rusteloos.

"Sake lyk nie mooi nie, Carolus," sê Louis Trichardt vir sy seun, nou agtien jaar oud. "Onder die Engelse kan ek dit nie meer uithou nie. Lyk my ons sal 'n ander woonplaas dieper die binneland in moet gaan soek."

"Ek sal oor die grens versit met die vee, Vader," bied Carolus dadelik aan. "Dan het die Engelse regering g'n houvas op ons nie, en Vader kan intussen sake hier agtermekaarkry."

"Nee, dis goed so, my seun."

Carolus trou, en met sy jong bruid trek hy Xhosaland binne.

Daar is agt duisend skape en bokke, dertien honderd osse en in die dertig perde waarmee hy op grond gaan woon wat hy van 'n opperhoof huur.

"Is jy dan nie bang so alleen hier in die vreemde nie?" vra 'n besoekende jagter verbaas.

"Bang?" Carolus skud sy kop. "Nee, waarom wal ek bang wees? Solank jy die swartmense regverdig behandel, en hulle vir jou respek het, hoef jy niks van hulle te vrees nie. Dis die heen-en-weer gekarring van die Engelse regering wat maak dat niemand meer weet waar hy aan of af is nie en al die onrus in die Kolonie bring."

Vier jaar later volg sy vader-hulle hom. Alles gaan goed totdat die Grensoorlog van 1835 uitbreek. Gevoelens loop hoog tussen wit en swart, en Louis Trichardt besluit dat dit beter sal wees om verder te verskuif. 'n Klein groepie ander mense sluit by hulle aan.

Terselfdertyd beweeg 'n trek van Hans van Rensburg ook noordwaarts, maar die Trichardts meng nie met hulle nie omdat hulle die Van Rensburgs as avonturiers en wilde mense beskou, en daar is voortdurend wrywing. By Strydpoort in die Soutpansberg skei die twee groepe finaal. Die Van Rensburgs koers die binneland in om te jag en olifanttande aan die Portugese hoër op langs die Ooskus te gaan verhandel, maar hulle word deur 'n vyandige inboorlingstam uitgewis.

Ons het weggetrek na die Soutpansberg om benoorde van die 25ste breedtegraad te kom, want tot daar het Engeland sy heerskappy geproklameer. Op ons trek het niks besonders voorgeval nie, behalwe die oorlas wat ons van leeus gehad het.

Verlore klein staan die trekkie waens op die vlaktes van die land oorkant die Grootrivier. Mens en dier rus, ongestoord deur die gewone naggeluide van leeu en jakkals en al die ander.

74

Meteens vlieg die honde grommend orent langs die laaste kole van die kampvuur en blaf verwoed die nag in. Die osse snork onrustig en maal in die takkraal.

"Siejy! Voertsek!" roep 'n stem onder die een tentkap uit, maar die honde word nie stil nie.

"Nou wat de ongeluk is dit weer vannag?" brom Carolus terwyl hy grond toe klim. Aangehits deur die jong man se verskyning, storm die honde. 'n Os bulk hoog en dringend. Dit moet seker 'n leeu wees.

Carolus het sy geweer by hom, maar dis maanloos donker, en hy kan nie skiet nie, want die kans is groter dat hy eerder een van sy eie diere as die indringer kan tref.

"Ek sal die Satanskind 'n les leer," praat die jong man met homself. Hy sit sy geweer neer en lig die lang sweep uit die hake onder die watent waar hy dit altyd veiligheidshalwe bêre, of anders kou 'n wolf of ding dit naderhand flenters. Net so met hierdie nietige wapen stap hy blootsvoets op die rumoer af wat nou 'n skel hoogtepunt bereik.

Carolus skat mooi waar die kern van die lawaai is en haak af met die sweep. Die voorslag tref sagte vleis en krul om sy prooi sodat die stok byna uit die jong man se hande geruk word. 'n Leeu brul verskrik.

"So ja, vullis, ek het jou," lag Carolus by homself, en hy klap die sweep nog 'n paar maal wild en wakker.

Die honde bedaar en kom een vir een hygend teruggedraf. Die osse word rustig. Dis duidelik dat die leeu gevlug het.

Die jong man haak die sweep terug op sy plek, klim by die tent in, en binne 'n ommesientjie is hy weer aan die slaap.

Ons het ons gevestig in die Soutpansberg, op die plek waar die dorp Louis Trichardt nou is. Dit was my plaas. Ons sou die plek nooit verlaat het voordat die laaste van ons dood was nie, maar toe kom die oorlog tussen die Trekkers

en Silkaats. Manikwas wis die Van Rensburgs uit, en Dingane dreig van die
ander kant af. Toe besluit ons om 'n plek te soek waar ons kon lewe, en ons
gaan deur na Delagoabaai. Die pad wat ons gemaak het toe ons die
Soutpansberg verlaat het om na die Portugese gebied af te sak – dit was 'n
groot stuk werk.

76

Oor die berge na die see! Dit gaan nie so maklik nie. Moeisaam snuffel die waens hul pad al met die Olifantsrivier op. Telkens stuit hulle teen rotsige uitlopers en moet hulle heen en weer deur die waters – tot dertien maal. Toe sluit die berge voor hulle om die nou poort van die rivier, en dit lyk asof hulle glad nie verder sal kan nie. Bowendien maak die gevreesde tsetsevlieë, wat so onder die grootvee maai, weer hul verskyning. Hulle trek 'n skof terug en oorweeg.

"Ons sal maar 'n pad hier oor die rug van die berg moet maak," besluit Louis Trichardt.

"Dan maak ons hom," sê Carolus.

Dis 'n slopende werk vir liggaam en gees. Soms twyfel hulle of hulle die regte ding doen, maar uitgebreide verkenningstogte bring geen nuwe hoop nie. Dan word daar van nuuts af bosse gekap en klippe weggerol. Man, vrou en kind doen hul deel. Swartes van die omgewing kom soms help. Swaar reëns en mistige weer bemoeilik die taak.

Carolus raak kriewelrig, en sy warm bloed staan in hom op. Toe drie van die jong seuns dros, roep hy wild: "Ek sal hulle ore afsny en hulle dan een vir een doodskiet!"

"Moenie so baie praat nie. Doen liewers jou werk," vermaan sy vader.

Binne 'n week is die seuns terug. Eindelik, soms met agtien osse voorgespan, kry hulle die waens tot op die hoogte van die berg gesleep. Nou lê die ergste nog voor, die loodregte, onbegaanbare kranse af. Twee van die trekkers haal hul waens uitmekaar en be-

77

gin hulle stuk vir stuk na benede dra. Die Trichardts druk deur.

Wanneer hulle dwars teen die helling langs ry, is dit plek-plek so skuins dat die waens dwing om te kantel. Maar daarvoor het die trekkers ook raad. Hulle kap vore uit waarin die twee wiele aan die berg se kant kan loop. Op ander plekke trek hulle so steil afdraand dat hulle die agterwiele moet uithaal en op 'n houtslee vasmaak om ook te help rem, terwyl hulle die voorwiele met kettings bind en die osse se sterte aan die wa en disselboom, anders slaan hulle bolmakiesie.

Dit duur drie weke om die sewe, agt waens onder te kry. Twee maande en agtien dae nadat hulle die oortog begin het, staan die geselskap in die nuwe land: twee en vyftig siele sterk.

"Voorwaarts, na die see!" sê Carolus, terwyl hy sy lang sweep laat sing, en sy oë lag vir die eerste maal in baie dae. Die wiele rol.

Hulle weet nie dat dit die begin van die einde is nie. Binne ses maande is hul veetroppe uitgewis en 'n twintigtal van die trekkers in hul graf deur malaria en ander tropiese siektes.

Ons het deurgegaan na Delagoabaai, en dit was die plek van die dood, soos my vader dit opgeteken het. Dit was sy gewoonte om elke aand by die uitspanplek sy dagboek aan te vul. Vir ink het hy die sap van die waboom of klein inkbossie gebruik wat ons verskeie male gekook het.

MEI 1838. DINSDAG, die 1ste. – Vanoggend toe die haan kraai, het ek opgestaan om te sien of ek nie te hore kan kom hoe dit met my liewe vrou gesteld was nie, maar dit was alles stil in die huis. Het ek weer gaan lê, maar kon nie slaap nie. Met die tweede hanekraai het ek weer opgestaan, en dit was nog nie dag nie. Het ek met ongeduld die tyd afgewag dat juffer Schepers (wat die nag by haar gewaak het) die deur sou oopmaak.

Ek het Carolus gestuur om te gaan klop en na sy moeder se welstand te verneem. Hy het teruggekom en gesê dat sy moeder redelik, maar baie swak was.

Daarop het ek vir die eerste maal na haar toe gegaan en vir haar goeiemôre gesê. Sy het so sag gepraat dat ek haar byna nie kon verstaan nie.

Ek het haar gevra of sy, my liewe vrou, my nie ken nie. Hoe sou sy my dan nie herken nie, het sy geantwoord, maar so swakkies dat ek amper nie kon hoor wat sy sê nie. Toe het ek gemerk dat my gevoel maar alte waar en grondig was; dat ek haar nie weer in gesondheid sou sien nie.

Van daardie oomblik af het die droefheid my so oorkom dat ek nie wis wat om te doen of te sê nie. Die kinders het saam met my geween, wat my beswaarde gemoed nog meer en meer oorstelp het. Ek het van haar afskeid geneem vir hierdie lewe, maar in die verwagting om haar in die huis van die Hemelse Vader weer te sien, en ek het by Hom nie gekla nie, maar gebid dat Hy my te hulp sou kom. Die wil van die Here moet geskied, en al ons moeite en sorg was vergeefs.

Omtrent elfuur het die Almagtige God haar weggeneem. Vir my staan die vertroue vas dat my kosbare en teerbeminde lief salig die tydelike verwissel het. Ek kon my egter nie vertroos nie. Die droefheid het my sodanig oorweldig dat ek byna buite my verstand geraak het. Vir my is daar geen troos op aarde meer nie.

Ek het Carolus 'n kis vir haar laat maak toe ek gesien het dat daar vir haar weinig hoop op herstel was. Die aand was dit klaar.

My liefste en dierbare pand is vir ewig van my geneem!

Omdat my vader niks met die Engelse te make wou hê nie, het hy my aangesê om skeep te gaan en te sien of ek nie 'n goeie plek kon kry waar ons kon woon nie. My vrou en my moeder was toe albei dood.

Vuilswart toring die golwe, hul kamme wit en geel met skuim bevlek. Dan donder die branding na benede en swiep die skip tot op die kruin voordat hy in die volgende watertrog versink. Oorheen sliert die wolkerepe om kort-kort agter 'n reënvlaag te vervaag. Die wind tjank in die takelwerk en flap die swaar voorseile soos vodde aan 'n wasgoeddraad. Die maste kraak.

Die tweede offisier roep kortaf 'n bevel. Matrose swerm oor die dek, maar selfs ervare manne word deur die onverwagse kanteling geflous en neergeslinger. Tog bly die jong Boer vas van voet, en hy vat raak. Die hoofseile word veilig ingehaal, en die skip dans vryer oor die stormsee.

"Daardie Trichardt is knap en onverskrokke," sê die kaptein vir 'n mede-offisier toe die elemente weer bedaar het en hulle veilig vaar. "Ons kan hom goed gebruik."

Carolus word tot bootsman bevorder.

By elke handelsplek waar die skip vertoef het, was ek gewoond om negosiegoed te neem en daarmee na die binneland te gaan, oënskynlik om te verruil, maar eintlik om 'n geskikte vestigingsplek te soek.

Die eensame reisiger steek op die kruin van die hoogtetjie vas en beskou die rye bouvalle voor hom. Agter hom kom sy tou draers, kiste op die koppe, ook tot stilstand. Daar is ronde torings en lang mure, alles van gestapelde klip. So, dan is dít Zimbabwe.

Hy het al baie duisende myle op sy eentjie deur die Ooskus-strook van Afrika geloop, en oor die wydtes van die groot eiland Madagaskar – 'n man op soek na 'n land vir hom en sy mense. Sy oë het op woeste, onontginde gebiede gerus, op plekke waar net 'n ou lemoenboord of half bedolwe fondament getuig dat daar eenmaal bedrywigheid en lewe was. Die soelte van tropiese koorsstreke en koeler hooglande het hy leer ken, die tuistes van wilde stamme, en nog altyd het hy behoue daarvan afgekom.

81

Die man oorweeg. Nee, hierdie wêreld geval hom tog nie. Hy het nog nie die einde van die pad bereik nie. Dit wil egter nie sê dat hy nie kan handel nie.

Carolus Trichardt wink vir sy draers en begin aanstap. Spoedig drom die swartmense – man, vrou en kind – om hom saam, en dit babbel en beduie opgewonde onder mekaar oor die bonte prag van sy uitgestalde ware. Hy doen lewendig sake en ruil 'n hele klomp rietpypies vol spoelgoud wat hulle uit die riviersand was.

Ek was byna twee jaar op die skip, seilende tussen Delagoa, Inhambane, Sofala, Mosambiek, Zanzibar, Abessinië, Madagaskar, en ek vergeet hoeveel ander plekke. Een slag het ek ook 'n ontmoeting met mensvreters gehad. Dit was in 'n baai naby Zanzibar.

"O-hoi!" Die stem trek helder oor die stil water van die Russiese oorlogskip af wat langsaan kom aanlê het, na die Portugese vragvaarder toe.

"Ja-a-a?" antwoord 'n Portugese matroos.

"Seekoei – ons dit hê!" beduie een van die Russe wat 'n bietjie Portugees magtig is, met sy hande soos 'n trompet bak gemaak om sy mond.

"Nou, gaan skiet dan maar!" roep die Portugees terug.

Die Rus skud sy kop heftig. "Mensvreters!" sê hy. "Ons bang!"

"Ons ook!" beaam die Portugees, maar nou tree bootsman Trichardt nader. "Ek sal gaan," sê hy. "Ek het nog nooit vir g'n mens weggehardloop nie."

'n Roeibootjie word neergelaat. Carolus beweeg in die riviermonding op, en spoedig het hy om 'n draai uit die gesig verdwyn. Hy beskou die omgewing ondersoekend. Dis 'n interessante wêreld, maar nie vir sy soort mense bedoel om in te woon nie. Daarvoor is dit te tropies ruig en sekerlik vol allerhande siektes. Dig groei boom en struik op albei oewers, en waterplante reik nog verder uit. In die takke kwetter 'n helderkleurige bontheid van voëls; 'n aap loer nuuskierig met sy blou gesig op die stil vaarder af om dan luidkeels aan sy makkers te verkondig wat hy gesien het; 'n bok proes verskrik van sy drinkplek op en verdwyn met klappende kloutjies tussen die kreupelhout.

Daar is ook ander oë wat elke beweging van die man gretig dophou, stemme wat saggies praat. Toe Carolus wal toe stuur op 'n plek waar hy seekoeie verwag, swerm dit meteens op hom van die mense, en sonder dat hy na hul skerp gevylde voortande hoef te kyk, kan hy dadelik van hul uitroepe aflei dat hulle mensvreters is.

"Sy kop is myne!" skree die een.

"Ek vat sy blad!" skree 'n ander.

"Ek wil sy borsbeen hê!"

Hulle deel te gou uit, want hulle sal nog eers by Lustig, sy geweer, moet verbykom. 'n Sarsie skote val vinnig en sekuur, en vier van die mensvreters tuimel. Nou het hul geesdrif vir die man se vleis skielik afgekoel. Hulle raap die gesneuweldes op en vlug die bos in.

Die Russe het hul seekoei gekry.

Eens was ek hard aan die gang om die skip te laai in een van die Portugese Ooskus-hawens. Ek het tot skemerdonker in die aand gewerk. Die kaptein het

my gewaarsku dat ek nie so laat moes uitbly nie, want ek sou doodgemaak word.

Die bootsman kyk sy kaptein skuins aan. "Wie sal my doodmaak?" vra hy.

"Die Indiërs hier rond is nie almal te vertroue nie," antwoord die kaptein. "Jy moet oppas wat jy doen."

Carolus haal sy skouers op en steur hom nie verder daaraan nie. Elke dag het genoeg aan sy eie goed en kwaad, en hy het hom nog nooit oor iets bekommer voordat dit gebeur nie.

'n Paar aande later stap hy weer deur die skemering in die stil straat op. Hy is moeg van die dag se inspanning, en by hom het hy 'n bottel sjampanje wat hy saam met vriende wil gaan geniet. Voorkant kom 'n Indiër met 'n groot jas nader, maar verder is g'n mens in sig nie.

Carolus steek die straat oor, en dadelik verander die Indiër ook van koers. "O so," dink die jong man, "hier is alles nie pluis nie. Laat ek 'n bietjie uitvind wat die vent wil hê."

Met dié swaai hy terug en pyl reg op sy medewandelaar af.

Toe hy drie tree van hom is, lig die Indiër sy hand omhoog, en daar is 'n dolk in. So maklik sal hierdie rooftog nie gaan nie. Carolus weet hoe om na homself om te sien. Voor die Indiër kan kap, tref die swaar sjampanjebottel hom reg tussen die oë, en hy slaan soos 'n os neer. Nou is Carolus se voet op sy keel, en hy raap die dolk uit die hand wat nog swakkies aan die geves met die silwerbeslag probeer klou.

Die jong man frons terwyl hy die dolk in die laat lig van naderby beskou. Dis 'n gemene soort wapen: 'n vervangbare glaslem met 'n sterk knip aan die handvatsel geheg sodat dit in die lyf van die slagoffer kan afbreek. Die Indiër roggel onder sy voet, en hy trap 'n bietjie harder. Wat sal hy met sy gevangene maak?

Hy kyk om hom rond en gewaar twee Portugese in uniform om die draai kom. Dis polisie. "Help hier met dié straatjapie wat my probeer verongeluk het!" roep hy. Dadelik draf die twee Portugese nader, maar in die oomblik wat Carolus se aandag afgetrek is, glip die Indiër onder sy skoenpunt uit en verdwyn soos 'n skim in 'n donker systraatjie.

"Toe maar, ons sal hom kry," belowe die Portugese.

"Dankie", sê Carolus, en hy stap verder. Sy sjampanjebottel is nog heel.

Die volgende oggend word Carolus by die skip gehaal om sy aanvaller te kom uitken. Ja, dis hy, met die sny waar die bottel hom getref het soos 'n Kainsmerk op sy voorhoof. Hy word vir sy onbesonne daad tereggestel. Daardie middag vaar bootsman Trichardt se skip uit.

Toe ek eindelik in Delagoabaai terugkom, was my vader ook dood, en die oorblywende vroue en kinders het per skip na Natal vertrek. Die Portugese het my as hawemeester aangestel en gepraat om my kolonel van die kus te maak. Ek het drie maande daar gebly en vir die Portugese dienste bewys. Dog ek het na ons mense verlang, en ek was siek aan die geelkoors. Ek het Zoeloeland deurgegaan op weg na Port Natal.

Hy ry met sy agt swart volgelinge deur 'n bedolde land. Die Slag van Bloedrivier is gelewer. Ook koning Dingane moes vlug, om deur Swazi's vermoor te word. Carolus het sy lyk nog self gesien. Nou, in die naloop van die stryd, is die Zoeloe-volk ontredderd. Drie jaar lank het hulle g'n oeste gemaak nie. Orals is tekens van hongersnood. Telkens duik gewondes uit die bosse op – 'n man sonder arm, een met 'n skoot in die maag – en smeek om hulp.

Die ellende van die mense maak 'n diep indruk op Carolus, en hoewel hy self swak voel, help hy waar hy kan. Die verminktes dokter hy met bossierate. Vir die hongeriges van een van die statte waar hy oornag, gaan hy seekoeie skiet – drie en dertig altesame.

By 'n ander stat laat die kaptein ter ere van Carolus 'n bees slag. Carolus sny 'n paar stukke van die vleis vir eie gebruik af, en toe roep hy die kinders nader, maar die mans verdring hulle.

"A nee a!" sê Carolus. "Ek het die kos mos vir die kleingoed gegee." Hy gryp een van sy volgelinge se knopkieries en dryf die ongenooide gaste weg.

"Kyk," sê die kaptein wat alles dopgehou het vir sy mense, "hoeveel hart het hy vir julle kleintjies."

Agtien dae nadat hy Delagoabaai verlaat het, kom Carolus Trichardt die eerste Trekker-nedersetting teë. Hy tel Lustig op en vuur 'n paar vreugdeskote in die lug. Dit word van die tente se kant af beantwoord.

Die landsoeker het sy mense gevind.

HANSIE

Toe die skrywer die eerste maal die naam Hansie Smal in ons geskiedenis teëgekom en so ietsie van hom gelees het, het hy dadelik gedink: "Dit was darem 'n kranige kêreltjie." Maar namate hy geleidelik die hele verhaal te wete gekom het, het hy besef dat hy een van ons merkwaardigste kinderhelde was – avontuurlustig, doodsveragtend voor gevaar, maar ook moedig in die lewe van elke dag, en trou tot die dood toe. Dit was die tyd van die Groot Trek.

1. Die Luiperd

Om die hoek van die doringtakkraal kom 'n seuntjie. Hy het 'n leerbroek aan met driekwartpype en 'n leerbaadjie, en 'n slaprand-hoed flapper om sy ore. Hy is skraal gebou en tingerig, en niemand sal dit glo dat hy al tien jaar oud is nie. Maar tog lyk hy bruingebrand en gesond, en sy hele gesig lag. Dit kan ook nie anders nie. Want hy sit op die blaarkant van 'n kriebostak, met 'n riem aan die ander punt vas, en die riem weer aan 'n tuig, en die tuig om die lyf van 'n yslike boerbok-kapater wat ooplê dat sy baardjie stroom in die wind. Dis Hansie Smal op sy "slee" – soos hy dit noem.

Die kapater kan nie versuim nie, want die voorslag van Hansie se swepie byt geniepsig. Die dier kan ook nie gaan waar hy wil nie, want in sy linkerhand hou Hansie 'n riem waarmee hy hom stuur.

So glip hulle verby die takkraal waar die vee saans ingekeer moet word en die vure die hele nag deur brand om hulle teen leeu en luiperd te beskerm. En tog kom die rowers telkens maar weer met hul buit weg. Daar is veral één luiperd wat die afgelope tyd so astrant raak dat niemand meer met hom raad weet nie.

Hulle skop stofwolke langs die wa en tente uit, en agter die kookskerm van dekgras en pale waar sy moeder juis besig is. Sy skree iets wat die seuntjie gelukkig nie kan hoor nie, want anders sou hy moes gehoorsaam het.

Al doller en doller gaan dit af rivier toe. Die tak het nie meer veel

blare aan nie, en Hansie voel hoe sy broek se sitvlak al plek-plek grondvat. Net betyds hou hy in, want sy klere is wel sterk, maar as daar skade aan kom, sal verduidelik nie help nie; sy ma is 'n streng vrou.

Hansie maak die bok met 'n lang riem aan 'n krieboomstam vas sodat hy nie wegloop nie, maar darem kan wei. Toe swaai hy die boog van sy skouer af, trek 'n pyl uit die netjiese koker en sluip behoedsaam soos 'n geoefende jagter weg om 'n tarentaal te gaan soek. Tog wil die booghout vandag nie so gemaklik in sy linkerpalm pas nie, en die vingers van sy regterhand vroetel half ongeduldig oor die veerstert van die pyl. Dit was altyd lekker gewees om so op sy eie manier te jag, maar nou het sy pa hom gewys hoe om met 'n geweer te skiet. Die geweer was te swaar vir sy arms, en hy moes die kolf sommer op sy skouer laat rus. Maar sy oog het die korrel en die visier maklik gekry, en toe hy aftrek, tuimel die voël.

Droomverlore haal Hansie sy regterskouer op. Dis nog altyd seer van die geweer se skop – maar dit was die moeite werd.

Die Smals is Voortrekkers. Hul waens het ver uit die ou Kolonie deur die Grootrivier geloop, en nou staan die mense klompies-klompies hier op die walle van die Vetrivier, terwyl die voormanne eers die land dieper in verken om die koers te bepaal.

Hansie jaag 'n troppie tarentale op, maar hulle is te rats vir hom en vlieg skellend weg. "Ek moet die honde gaan haal dat hulle die spul in die bome kan dryf. En dan – 'n geweer," dink Hansie. Leëhande ry hy terug na die staanplek toe.

Hansie se pa kom net by die tent uit. "Ons stap 'n bietjie oor na oom Tobias-hulle toe," sê hy vir die seun. "Daar is siekte, en jou ma wil gaan kyk. Pas nou vir Boetman en Sussie mooi op. Ou-Speelman sal darem ook 'n ogie hou." Ou-Speelman is 'n bruinman wat die lang trek uit die Kolonie meegemaak het, en die Smals se regterhand.

"Ja, julle kinders gedra vir julle, gehoor?" sê sy ma toe sy, tjalie oor die skouers, agter Abraham Smal verskyn. "Ek wil niks moeilikheid hê nie."

"Ja, Pa. Nee, Ma," sê Hansie.

'n Rukkie gaan dit goed, en die kleintjies speel tevrede, maar Hansie het nie veel erg aan dolosse en pop nie. "Kom ons vat die honde af rivier toe," stel hy voor.

Nie te lank nie of hulle het 'n groot trop tarentale in 'n hoë boom vasgekeer, maar Hansie se pyltjies kan nie daar bykom nie.

"Wag julle hier," sê hy vir sy boetie en sussie. "Ek gaan net gou die geweer haal."

"Haai, Hansie! Ma slaan jou dood," sê Sussie.

"En Pa," voeg Boetman by.

Maar Hansie is al klaar weg.

Dit kos fyn oorleg om die skietgoed uit die watent te kry sonder dat Ou-Speelman iets agterkom, maar Hansie het vir alles 'n plan. Kort voor lank drafstap hy in die paadjie af rivier toe met die kruithoring oor sy skouer, 'n sak vol lopers, en die swaar ou voorlaaier in altwee hande vasgeklem.

Sy boetie en sussie hardloop Hansie tegemoet. "Die tarentale het gevlieg," sê Boetman. "Maar die honde blaf nou daar anderkant."

"Kom," sê Hansie, en die twee tou agterna.

'n Entjie van die boom af laai Hansie eers die geweer. Dan sluip hy behoedsaam nader en loer in die takke op. Nêrens is daar 'n tarentaal in sig nie, en teleurgesteld wil hy net sy geweer laat sak toe hy dit sien.

Tussen die blare deur gloei twee oë groen. 'n Bek vol glimwit tande snou. Die kolletjieslyf versmelt met die lig en skaduwee van die blaredak, maar algaande kan Hansie die buitelyne tog onderskei. Dis 'n tamaai luiperd, 'n knewel. Dit moet hy wees wat al die skade in die veekrale aanrig.

Die boetie en sussie kom agter dat daar iets verkeerd is, en hulle trap terug. Die honde blaf met nuwe woede noudat hulp opgedaag het.

Hansie oorweeg en besluit. Hy weet dat die luiperd dodelik gevaarlik sal wees as hy mis skiet of hom net kwes. Daarvoor het hy al genoeg jagverhale om die kampvuur gehoor, maar hy gaan hierdie plunderaar ook nie sommer so laat wegkom nie.

Hansie lê versigtig aan soos sy pa hom gewys het, en hy vuur.

Toe vul die luiperd se stem die hele dag met 'n briesende geluid wat oorgaan in 'n hoë, dun gejammer.

In hul vrees klou die twee kleintjies aan mekaar vas en begin huil. 'n Hond spring tjankend weg, 'n ander blaf-blaf onseker.

Dan word die geluid stil. Met 'n gedruis van blare en 'n dowwe slag tuimel die groot lyf voor Hansie se voete op die grond neer.

Dit was 'n doodskoot.

Hansie het later amper deurgeloop omdat hy dit durf waag het om so iets aan te vang. Maar die bure wat kom kyk het, kon hom darem losgepleit kry. Vir so 'n kordaatstuk verdien 'n mens mos nie 'n pak slae nie.

2. Die Impi

Abraham Smal wil gaan elande jag. Hansie ry saam. Die vader sit op sy groot bruin hings met die wit bles voor die kop. Hansie het sy Vossie onder die saal. En die beste is nog dat sy pa vir hom 'n klein geweertjie by een van die ander Trekkers geruil het. Die seun voel sommer 'n man.

Nie ver van die staanplek af nie, skiet Abraham Smal 'n eland. Hulle pak die karkas met doringtakke toe om die roofvoëls weg te hou, en dan ry hulle verder. Duisende stuks wild pronk om hulle die veld vol: blesbokke en springbokke en wildebeeste. Maar elande is skaars, en die enkeles wat hulle nog gewaar, bly hulle ontwyk.

Hulle ry 'n uur of twee, drie met 'n wye boog tussen die rante deur. "Nee, nou sal ons maar moet terugdraai," sê die vader, "anders kom ons te laat by die kamp, en dan is ons die ander eland dalk ook nog kwyt."

Hansie sê niks nie, maar hy is 'n bietjie hartseer omdat hy nie 'n skoot kon inkry nie. Hy swaai Vossie se kop om, agter sy pa aan.

"En dit?" mompel Abraham Smal toe hy meteens digte, donkerblou rookdampe skuins voor hom agter 'n koppie sien uitborrel. Hy beskou die wêreld noukeuriger. "Dis mos waar die Liebenbergs se trek staan. Ek wonder wat hulle aanvang."

Maar iets anders trek Hansie se aandag. "Pa," roep hy, "kyk die snaakse swart skaduwee op die vlakte. En daar is dan g'n wolk aan die hemel nie."

Vader en seun hou hul perde in. Geleidelik maak hul oë beelde uit. Skildvelle! Dis 'n swart leërmag. Abraham Smal dink dadelik aan Silkaats se Matebeles van wie hulle al so baie gehoor het, maar tot dusver nog nie teëgekom het nie. Wat sou hulle hier soek? En daardie rook?

"Kom!" sê Abraham Smal, en hulle jaag teen die koppie uit. Ontset betrag hulle die toneel onder in die laagte. Dis tente en meubels wat daar brand, en oral lê stil liggame rond. Die Liebenbergs is uitgedelg.

Abraham Smal oorweeg. Al plek waar hulle na hul mense toe kan deurkom, is om die punt van daardie opgeskote bergie. En aan die voet van die berg beweeg die Matebeles. Hulle sal dit maar moet waag. Miskien glip hulle tog ongemerk verby. Te vinnig kan hulle egter nie ry nie, want Vossie is maar tingerig.

Vader en seun is nog 'n hele ent van die bergpunt af, toe hulle sien hoe tien Matebeles hulle van die hoofmag afskei en skuins voor hulle insny.

Die perde haal deur die gras en bossies. Nou is die swart krygers skaars honderd en vyftig tree ver. "Ons sal hulle moet terugskiet!" sê Abraham Smal. Sarsie op sarsie val. Die Matebeles is so naby dat hul assegaaie om die twee ruiters gons. Maar Hansie laai en skiet, laai en skiet skoot vir skoot saam met sy vader.

Daar is nog net vyf Matebeles oor. Toe tref 'n assegaai Vossie dodelik, en die perdjie vou onder Hansie in. "My arme dier!" skree die kind, en hy skiet die aanvaller plat. Die orige vier krygers sien nie verder kans nie en val terug, maar intussen kom 'n hele afdeling van die hoofmag aan om te help.

"Vat vir Kolbooi," skree Adam Smal, "dan jaag jy uit! Ek sal die Matebeles terughou!"

Hansie kyk na sy vader, en hy kyk na die donker stroom wat nes 'n reuseslang met baie koppe en 'n honderd blink tande op hulle aangestu kom. As sy vader moet agterbly, is hy dood. "Nee, Pa," sê hy, "ek gaan nie alleen nie."

97

Abraham Smal skud sy kop, maar tog voel dit 'n oomblik warm in sy bors oor sy seuntjie se besluit. Toe roep hy: "Spring dan hier agterop dat ons met één perd probeer!"

Kolbooi se asem ruk in sy keel, die skuimvlokke bol om sy bek en spat oor die grond terwyl sy spiere saamtrek en uitskiet, saamtrek en uitskiet. Hy doen sy bes, maar die Matebeles is net vyftig tree agter toe hulle om die punt van die berg swaai.

Die swart vegsmanne skree en fluit en slaan met die assegaaie op hul skildvelle. Dis 'n oorverdowende rumoer. Vlug soos wildsbokke skiet hulle oor die aarde tot hulle hier langs die perd met sy twee ruiters hardloop. Knopkieries en assegaaie reën. Maar wonderbaarlik word vader of seun nie getref nie.

'n Goeie halfmyl duur die wilde jaagtog. Dan begin die krygers uitsak. Nog 'n enkele kierie, 'n assegaai of twee plof in die gras. Toe word dit stil.

"Ons is gered!" sê Abraham Smal.

"Ja, Pa," sê Hansie.

Hansie se speeldae is verby. Van vroeg soggens tot saans laat hyg die velblaasbalk en stoot die gloed rooi in die smidsvuur op totdat die vonke in fyn sterretjies op die witwarm yster dans. Hansie is die blaasbalktrekker, en sy vader die smid.

Daar is baie werk. Ná die dood van die Liebenbergs en Hansie-hulle se noue ontkoming het die Matebeles verwoed op die Trekkers toegeslaan. Maar by Vegkop het hulle pal gestaan totdat die swart bul sy horings stomp gestoot het en moes wyk. Nou is 'n strafekspedisie teen die Matebele-koning uitgestuur, en intussen is die Trekkers hier by Thaba Nchu versamel en word die waens nagesien vir die pad vorentoe. Die hele dag lank bly dit 'n bedrywigheid daar onder die strooidak op vier pale in die skraal koelte van 'n doringboom waar Abraham Smal sy smidswinkel ingerig het. Dit hou soms tot ná donker aan as dit baie druk gaan, en hy en Hansie by die lig van 'n vetkers nog boute en wabandspykers smee. Hansie is saans so moeg dat hy steier en op sy slaapplek neerval. Maar soggens is hy weer opgewek en vrolik, want hy laat hom nie onderkry nie.

Een middag sê sy vader: "Hansie, vat vir Kolbooi en ry dadelik oor na oom Tjaart van Vuuren toe, en vra vir hom of hy nie vir my 'n stuk staal het vir 'n pikpunt nie. Ek het dit môreoggend vroeg nodig." Daar is donderwolke in die lug, maar Abraham Smal ken die weer, en hy weet dat dit nie voor die aand sal reën nie. Die Van Vuurens se trek staan maar net 'n uur weg, en die kind kan nog met lig terug wees.

Toe Hansie by die Van Vuuren-laer kom, is oom Tjaart nie daar nie, en hy moet meer as twee uur lank vir hom wag. Die weer word donker en dreigend.

"Ja, Hansie, ek het so 'n stuk staal," sê Tjaart van Vuuren toe hy eindelik terugkom, en hulle gaan soek tussen 'n hoop ou yster.

"Dankie, Oom," sê Hansie, en hy beweeg na Kolbooi se kant toe.

"Maar jy kan nie nou ry nie, Hansie," roep die man ontsteld uit. "Kyk hoe lyk die weer, en dis al amper nag."

"My pa het gesê hy moet die stuk staal môreoggend vroeg hê, oom Tjaart," sê Hansie beslis. "Ek kan hom nie laat wag nie."

"Hansie!" Die man gryp na die kind, maar hy glip onder sy hande uit en spring in die saal.

"Tot siens, Oom, en baie dankie!" roep hy. Toe is hy weg.

"Ai tog, die kind gaan naderhand 'n ongeluk oorkom," praat Tjaart van Vuuren by homself. "Ek moet hom keer."

Maar sy ryperd het saam met 'n buurman se trop gewei, en dit duur 'n goeie kwartier voor hy die pad na die Smals se laer toe vat. Dis 'n donker stormnag. Die reën fluister deur die lang gras, om dan met 'n skielike windvlaag sissend teen ruiter en perd aan te storm. Die lang, ligtende vingers van weerligstrale gryp teen die verwulf van die wolkedak wat die hele landskap omheen insluit. Die donder praat met 'n duisend stemme. Nêrens is 'n nagdier te sien nie. Aarde en skepsel buig met ontsag voor die geweld uit die hemel.

"Hansie! Hansie! Waar is jy?" roep die ruiter tussen die donderslae en windstote deur, maar hy weet dat dit tevergeefs is. Al is die kind ook sommer hier naby, sal hy hom tog nie kan hoor nie.

Tjaart van Vuuren ry tot by die Smals, maar Hansie het nie daar uitgekom nie.

"My kind! My arme kind tog," snik die moeder.

"Toe maar, vrou. Ons gaan hom nóú haal," praat AbrahamSmal haar moed in, hoewel hy self nie baie hoopvol is nie. Waar gaan hulle die kind in hierdie weer kry? Haastig maak hy 'n stormlantern reg, steek die entjie kers binnekant aan en gooi nog twee stukkies in sy sak.

Hulle soek die nag vol, maar teen die donker en die elemente vermag hulle weinig. Die kerse is later op. Hulle is verplig om agter

'n bos te skuil tot dit lig word. Die storm het ook bedaar. Nou kan hulle spoorsny, maar dit gaan moeilik omdat die reën die meeste tekens weggewas het.

"As die kind maar net vir Kolbooi die teuels gegee het, sou hy hom veilig tuis gebring het," mompel Abraham Smal as hulle sien hoe die perd telkens pad toe gedwing het, maar dan het Hansie hom weer regs gestuur. Kort duskant die Smals se staanplek swaai die spoor heeltemal na die verkeerde kant om die rantjie.

'n Paar honderd tree verder kom hulle op Kolbooi af waar hy rustig staan en wei met die saal nog op sy rug. Maar die kind is nêrens te sien nie. "Hansie!" roep die vader, en hy hardloop met swaar treë vooruit. Sy geoefende oog lees die verhaal. Hier kon Hansie nie verder nie, en miskien het hy uit die saal geval, of anders het hy self afgeklim. Die spoor slinger na 'n boom daar naby en verdwyn. Abraham Smal kyk op. Daar, in 'n lae mik, inmekaargetrek van koue en uitputting, sit Hansie met die stuk staal nog altyd in sy hande geklem.

"My kind!" roep die vader, tel hom versigtig in sy arms en ry terug na die laer toe. Hy lewe, maar sy asemhaling is vlak en onreëlmatig.

Die medisynetrommel word uitgehaal, en daar word met die beste rate gedokter, maar Hansie bly ylend. Die knou van die nag was te veel vir sy swak gestel. "Nee, oom Tjaart," hoor hulle hom nog een maal duidelik sê, "ek kan nie bly nie. Pa het die staal nodig."

Toe is hy stil.

TERESA VAN ITALIË

In één flitsende oomblik, uit 'n aantekening in die *Dagboek* van eerwaarde Erasmus Smit, val die lig op 'n vergete heldin van ons geskiedenis: die Italiaanse vrou Teresa Viglione.

Die man sit en skryf in sy tent terwyl die vrou buite deur die laer stap. Sy is nog in die gloed van haar jare met hare en oë soos die nag, maar vir die man het dit reeds winter geword en skemer dit al witter in sy baard. Albei het uit die verre Europa hier na Afrika gekom: hy uit die koue Lae Lande by die see, sy uit die warm Italiaanse suide. Hulle is deur geen band aanmekaar gebind nie, en hul weë sal net één maal kruis. Die man se pad loop onder 'n ster, al is sy liggie ook maar flou, en sy aangenome volk sal hom nie vergeet nie; maar Teresa, die vrou, verskyn soos 'n komeet en verdwyn.

Op hierdie middag toe die man daarbinne sit en die vrou buite stap, weet hy nog niks van haar nie. Hy is eerwaarde Erasmus Smit wat as sendeling na Suider-Afrika gekom en later onderwyser geword het, maar toe die groot landverhuising begin, het hy saam met sy swaer Gerrit Maritz, die Voortrekker-leier, die onbekende aangedurf. Die Trekkers staan nou juis hier in Natal, en dit lyk asof alles sal regkom, want die land is vrugbaar, en daardie oggend het Pieter Retief, hul verkose goewerneur, met 'n groep manskappe na die Zoeloe-koning Dingane vertrek om die transaksie te beklink waardeur 'n ruim stuk grondgebied aan hulle afgestaan sal word. Eerwaarde Smit buk oor sy dagboek en skryf.

DONDERDAG, 25 JANUARIE 1838. In droë en stil weer het ons in die veldtent van die Edele Heer Retief vergader vir die oggenddiens, en in ons gebede het ons die goewerneur en almal wat saam met hom sou reis na die land van die Zoeloe-koning, Dingane, aan God en aan sy veilige leiding, bewaring en beskerming, asook hul gelukkige terugkeer, in genade opgedra.

Teresa Viglione het nooit werklik 'n kans gehad nie, maar sy het die armoedige bestaan in die vaderland van haar afgeskud en in 'n nuwe wêreld haar geluk kom beproef. Sy het hard gewerk en goed gevorder, hoewel daar altyd tyd was om te sing ook, en te dans, want sy is uit 'n vurige ras wat maklik hul vreugde en hartseer verkondig. Dis waarom sy die Boere nie kan verstaan nie. Hulle is so in hulleself gekeer, en hulle kan so lank kerk hou. Maar sy respekteer hulle vir hul dapperheid.

Toe die hele Kaapkolonie gevul is met die gerug van die groot landverhuising, het die besluit dadelik by haar posgevat: sy gaan agterna om te kyk en handel te drywe, en so sal sy miskien die slag slaan waarvan sy nog altyd gedroom het.

Dit het raap en skraap gekos, maar eindelik het sy drie waens vol negosieware gereed, met drie jong Italiaanse mans om haar te help, en hier is hulle nou tussen die Trekkers.

DONDERDAG, 1 FEBRUARIE 1838. Laasnag het hier twee reisigers te perd aangekom met die berig dat twee Zoeloes aan die oorkant van die Boesmansrivier vir 'n Zoeloe op die duskant geroep het dat die kommissiemense na Dingane almal dood is.

Daar is gerugte dat Dingane hom verraderlik teen goewerneur Retief en sy manne gekeer en hulle om die lewe laat bring het, maar niemand kan dit bevestig nie. Die mense wag.

Eerwaarde Smit bly besig met sy geestelike werk. 'n Kindjie word begrawe, twee pare trou. Die Sondag hou hy kerk, en daar is 'n groot opkoms. Nuwe lidmate word voorgestel en ingeseën, kinders gedoop. Donderdag is daar weer biduur vir die sending na Dingane.

Teresa doen fluks sake, en die Trekkers ontvang haar vriendelik, maar tog bly sy vir hulle 'n vreemdeling. Bedags ry sy van laer tot laer met haar handelsware, maar saans span hulle liefs eenkant uit.

Saterdag, 17 Februarie 1838. Verlede nag en vandag was die droewigste van ons hele lange tog gewees. In die vroeë oggendure is ons skielik gewek met die alarm dat die Zoeloes vyandig aanval. So vinnig as wat ons kon, het ons al ons waens en die waens in ons nabyheid in 'n driedubbele laerkring getrek om die vyand af te wag. God verhoede dat hulle ons aanval!

In die donkerste van die nag skrik Teresa wakker van vreemde geluide wat op die stil lug na haar oorgedra word. Sy pluk haar tentflap oop om beter te kan luister. Ja, dis onmiskenbaar roepende stemme, honde wat wild blaf en hier en daar 'n geweerskoot tussenin.

Teresa twyfel nie nog nie. Sy het die Trekkers hoor praat en gis, en sy weet nou: Retief is dood, en dis die Zoeloes wat aanval. Haar Italiaanse makkers is ook uit, en sy hoor hulle opgewonde redeneer oor waar hulle die veiligste kan gaan skuil.

"Die mense verder weg weet nog nie van die aanslag nie. Ons moet hulle waarsku!" roep Teresa.

Die drie mans swyg, en dan bars hulle nog luider los:

"Waarsku?"

"In hierdie nag wat wemel van die Zoeloes?"

"Jy is van jou sinne af!"

"Dan gaan ek alleen," sê Teresa, en sy stamp al klaar die swaar rystewels aan haar voete. Toe hardloop sy met haar saal om die wa. Haar geoefende hande vat raak, en sy praat met die perd in haar soetvloeiende taal wat vreemd onvanpas klink in hierdie nag van verskrikking. Die dier luister na haar stem, en die hoewe donder weg deur die duisternis.

Sy ry al langs 'n riviertjie op. Met die heen en weer trekkery om haar negosieware van die hand te sit, het sy 'n goeie idee hoe die waens in los groepies versprei staan. Maar wie sal tog vir haar sê waar die Zoeloe-krygers oral voortspoed en uit watter skuilplaas hulle op haar kan spring?

Teresa dink daaraan, en die nabyheid van die gevaar laat haar vreemd ontbonde voel, soos wanneer sy sing of dans – en meer nog. Dit verhit haar bloed en tintel op haar vel. In hierdie nag hou sy haar lot en dié van baie ander in haar hande.

Sy swaai by die eerste trek waens in en skree die mense wakker. Toe jaag sy verder.

Sondag, 18 Februarie 1838. Dit het ons genadige en barmhartige God en Vader behaag dat Hy die son van hierdie geheiligde Sabbat, die dag van die Here, oor ons en ons tente laat skyn. Met bitter kommer, droefheid, stille gebede en wakend het ons die nag deurgebring. Die laaste tydings van gister meld dat baie families uitgewis is. Die getal dooies, sover ons weet, van wit en bruin is in één dag meer as vierhonderd siele, mans en vrouens en kinders. Ag, God! Ag, Heer! Hoe gedug, hoe groot is u oordele nie oor ons nie!

Daar kom slegs gedeeltelik stilte ná die stormagtige nag. In die plek van die wilde krygsrumoer klink nou die gedempter stemme van bedroefdes en gewondes. Ook Teresa se dolle opwinding van haar gevaarvolle rit is uitgewoed. Sy voel leeg en 'n bietjie verleë en half gekul omdat alles so gou verbygegaan het. Maar daar is nie nou tyd vir selfbejammering nie. Teresa ry nader om haar hulp te gaan aanbied.

Dinsdag, 20 Februarie 1838. Ons het deur 'n brief van 'n Engelsman aan Gerrit Maritz tyding gekry dat ons waardige goewerneur Pieter Retief met al sestig sy manskappe deur die Zoeloes van Dingane om die lewe gebring is. Ek het weer, soos die vorige dae, buite die laer gegaan om in ons nood tot God te bid . . . Hoe is ons dapper goewerneur en sy manne tog nie getref nie, en hul oorskot en gebeente lê soos gekloofde hout op die aarde. O, hoe het die helde geval en is die wapens van die kryg verstrooi!

Toe Teresa eers onder die gewondes begin rondbeweeg en die eindelose geduld sien waarmee andere hulle verpleeg, word 'n nuwe vreugde in haar wakker. Daar is ook moed nodig, dit besef sy nou, vir die stille diens van elke dag.

Maandag, 26 Februarie 1838. Hier is 'n Italiaanse juffrou Teresa Viglione met drie Italiaanse mans by haar drie negosiewaens in ons laer. Sy het haar tydens die aanval van die Zoeloes heldhaftig soos 'n man gedra. Hulle vertel dat sy blitsvinnig haar perd opgesaal en tussen die mense die rondte gedoen het om hulle te waarsku sodat hulle op hul hoede kon wees. Sy het ook daarna die gewonde kinders na haar tent geneem en met haar medisynes, salwe en balsems behandel, waarvoor sy veel lof in die laers verwerf het.

113

DIRKIE UYS

Een van die ontroerendste verhale uit die Voortrekker-tyd is die geskiedenis
van die jong Dirkie Uys se heldedood. Dit was Woensdag, 11 April 1838, toe
hy sy lewe vir sy vader gegee het, om so onsterflik in die nagedagtenis van sy
mense voort te leef.

'n Seun jaag met drie burgers deur die veld, teen die skuinste van
die koppie langs, met die rietspruit agter en dongas en ongelyktes
voor. Dis Dirkie Uys, vyftien jaar oud, seun van kommandant Piet
Uys. En sy vader het daar op die wal van die rietspruit agtergebly.

Hoe het dit dan tog gekom? Vanoggend, gister, eergister was alles
so anders. Saterdag het die twee kommando's uitgetrek, drie
honderd vier en sewentig ruiters, met nog pakperde vir bykomende
ammunisie en voorrade, en kommandante Uys en Hendrik
Potgieter vooraan. Van anderkant die Drakensberge het hulle hier
na Natal toe gekom om hul mede-Trekkers te help toe die
noodroep hulle bereik het ná die dood van hul leier, Piet Retief,
en daardie donker nag toe die Zoeloe-leër in een verskriklike
aanslag onder man en vrou en kind gemaai het. Hulle sou die
Strafkommando wees om Zoeloe-koning Dingane te gaan
terugbetaal vir wat hy gedoen het, en hulle het goed gevorder, tot
'n paar uur te perd van sy hoofstat af. Nou is dit Woensdag, en
hulle het in één slag die Vlugkommando geword.

Vanoggend het hulle die Zoeloes se spoor gekry. Gretig het die
kommando's aangedruk en spoedig die impi's gewaar: een teen
die hang van 'n lang, hoë heuwel; die ander onder op die vlakte.

"Waar wil jy slaan, neef?" het kommandant Uys vir kommandant
Potgieter gevra.

"Op die vlakte," het kommandant Potgieter dadelik geantwoord,
en versigtig het hy en sy burgers wegbeweeg, snuffel-snuffel in elke
mielieland om seker te maak dat daar nie dalk van die vyand skuil
nie, met verspieders in elke kloof op om eers te gaan kyk.

Maar kommandant Uys gee sy perd die teuels en roep: "Kom burgers!" Toe storm hy, met sy manskappe agterna – en Dirkie ook. Dan is hulle nog net vyftig tree weg. Hoe sit die Zoeloe-krygers nie ingeryg nie, ry op ry, drie regimente een ná die ander, skuilend agter hul skildvelle.

Die burgers spring van hul perde af en lê aan.

Die eerste sarsie val, en die voorste ry swart krygers tuimel. Die rye wat nog staan, probeer vertwyfeld 'n paar werpassegaaie tussen die aanvallers inslinger, maar hulle is nie in 'n oop geveg bestand teen die geweers nie. Wat daar nog van die drie duisend oor is, draai om en hardloop.

"Op hulle spoor, burgers!" roep kommandant Uys, maar dit is nie eens nodig nie.

115

Wild en vry, wild en vry teen die heuwelhang langs, af na die vlakte, op in die klowe jag hulle die vlugtende vyand. Die jaende burgers verdeel in groepe, die groepe in kleiner groepies. Dis waarvoor hulle gekom het: om Dingane se mag te verpletter.

Dirkie Uys bly by sy vader se groep, laai en skiet saam met die ander, en die oorwinningsroes maak hom lighoofdig. Maar sy vader, die kommandant, moet sorg vir sy manne.

"Genugtig!" roep kommandant Uys skielik. "Kyk daardie twee Malans!"

Die Malan-neefs het in hul waaghalsigheid heeltemal van hul makkers af weggebreek en hoog teen die heuwel tussen twee bosryke klowe beland. Dit kan doodsake wees as die Zoeloes hulle afkeer.

"Wie kom saam met my?" roep die kommandant. "Ons móét die twee daar gaan afhaal."

Vyftien burgers, en Dirkie, volg hul leier. Die Malans is weer veilig. En nou?

Skielik lewe dit in die klowe van Zoeloes. Die swart krygers is om en tussen hulle. Vuur! vuur! vuur! en moenie ophou nie. Maar daar raak iets met die vuursteen van kommandant Uys se voorlaaier verkeerd, en hy hou 'n oomblik stil om dit reg te maak. Toe tref die assegaai sy heup. Die kommandant pluk dit self uit en smyt dit van hom af weg. Die bloed stroom.

Toe die kommandant en sy klein groepie burgers eindelik weer byeen is, slinger hy in die saal.

"Vader!" Dirkie help hom lawe.

"Ons moet verder," sê kommandant Uys. Oral wemel die veld en hange nou van Zoeloes. Die hoofkommando is nêrens te sien nie en moes seker gevlug het. Hulle is heeltemal alleen.

117

Dirkie laai en skiet skoot vir skoot saam met die ander burgers terwyl hulle stadig, pynlik stadig terugval, maar telkens soek sy oë na sy vader. Die Zoeloes laat hulle g'n oomblik met rus nie, diep klowe vertraag hulle gang.

'n Paar honderd tree verder word kommandant Uys weer flou, en hulle moet hom vir die tweede maal bybring. Hy kan nie meer alleen regop bly nie, en aan weerskante ry nou 'n burger om hom te stut.

Daar is g'n sprake meer van 'n geveg nie. Die burgers skiet net wanneer dit nodig word om die aanvallers van hul lyf af te hou.

In die agterhoede sneuwel die twee Malans. Nie baie verder nie trap 'n burger se perd in 'n gat en slaan neer. Voor die man weer in die saal kan kom, word hy ook dodelik getref. 'n Groep breek weg en probeer agter om 'n klipkop uitjaag, maar hulle ry teen 'n Zoeloe-impi vas, en nog drie burgers bly in die slag. Twee ander raak afgesonder.

By kommandant Uys is daar nog net drie burgers oor – en Dirkie.

Hulle kom by 'n rietspruit. Daar is ook Zoeloes, maar die groepie druk deur. Op die oorkantste oewer val kommandant Uys vir die derde maal in 'n beswyming, maar hy veg terug na die lig. "Lê my . . . op die . . . grond . . . neer," beveel hy.

Hulle doen dit.

"Ek kan nie . . . verder nie," stamel hy, en daar is bloed op sy lippe. "Hier moet ek . . . sterf . . . Red julleself . . . en veg dapper . . . tot die einde toe . . . Hou God voor oë . . . en sorg vir my vrou . . . en kinders."

Die burgers huiwer nog. Hulle kommandant hier laat bly? En tog: daar is niks meer wat hulle vir hom kan doen nie.

Dirkie staar swygend na die stil liggaam van sy vader.

"Kom," sê een van die burgers, "ons kan nie langer draai nie. Anders is ons almal vandag dood."

Hulle beweeg na die perde toe. Dirkie huiwer nog, en dan jaag

119

hy ook agterna. Maar hy kan sy vader nie sommer so vergeet nie. Hy kyk agtertoe, weer en weer. Toe hy omtrent honderd tree weg is, sien hy die Zoeloes op hom afstorm. Die kommandant moes die gedruis en geskree gehoor het, want hy lig sy kop. Hy lewe nog.

"Nee! Vader!" In daardie oomblik vergeet Dirkie sy eie liggaam. Hy weet net dat hy by sy vader moet wees. Met een swaai pluk hy sy perd om en jaag terug – terug na die dood toe, maar met sy hart in hom.

Drie swart krygers val nog voor sy geweer, maar dit gaan stadig met die ou voorlaaier. Toe is hulle op en oor hom.

Dirkie Uys het sy lewe vir sy vader afgelê, al het hy geweet dat daar nie meer redding kon wees nie.

PAULTJIE VAT SY GEWEER

Stephanus Johannes Paulus Kruger, die ou President van Transvaal, was 'n vreeslose mens – selfs toe sy naam nog maar Paultjie was. Saam met sy ouers het hy die Groot Trek meegemaak, en die gebeurtenis wat hier beskrywe word, het in die jaar 1839 in die Noord-Vrystaat plaasgevind.

Ses man ry deur die veld – plus die seun, maar Paultjie Kruger word nog nie bygereken nie, al het hy ook sy geweer saamgebring. Hulle agtervolg 'n leeu, 'n uitgegroeide mannetjie volgens sy spore, wat besig is om snags onder die osse te plunder. Leeujag is 'n man se werk, en Paultjie is nog skaars veertien. Die mans verdeel in twee groepe van drie elk, en Paultjie bly by sy pa-hulle.

Die leeu het 'n goeie voorsprong, en hulle is al drie uur in die saal voordat die groot kat tussen die bossies beweeg. Dadelik spring die drie mans van hul perde af, draai die diere se koppe weg van die leeu sodat hulle nie dalk skrik en op loop gaan nie, en bind die teuels aan mekaar vas. Paultjie maak ook so.

Vader Kruger is die aanvoerder, en hy deel bevele uit: "Jy links

om," en: "Jy regs!" Saam beweeg die drie mans behoedsaam weg. Net vir Paultjie is daar nie werk nie. Geweer oor die knieë gaan hy by die perde sit en hou die spulletjie dop.

Die leeu storm. Ai, dis mooi om hom so liggies oor die aarde te sien beweeg met sy liggaam los en vry, en sy mane woes in die wind. Dis eintlik jammer dat hy die dood in hom dra, en jy sy lewe in jou hande moet hou.

Maar skielik is daar nie meer kans vir sit en kyk nie. Die leeu het onverwags weggeswaai voordat een van die mans nog 'n skoot kon inkry, en nou kom hy reg op die perde af.

Paultjie spring orent en lê aan. Die leeu wip in die lug. 'n Oomblik hang die geel vlek hoog en dreigend oor hom. Toe ruk die koeël aan die dier se lyf. In 'n beteuterde hopie stort hy voor die seun se voete neer, die magtige spiere nou willoos slap. Vader Kruger-hulle kom nader gehardloop, maar dis nie meer nodig nie. "Mooi, seun," sê die vader. "Dis jou eerste leeu."

"Ja, Pa. Dankie Pa," sê Paultjie.

Die ander drie mans het die skoot gehoor, en hulle kom ook kyk.

"Mastag, maar dis 'n knewel!" sê oom Hugo, klim van sy perd af en buk om die dier se venynige slagtande te meet.

Paultjie bedoel niks kwaads daarby nie, en hy wil seker maar net wys dat hy g'n leeu bang nie. Dis waarom hy die dier ewe ongeërg in die pens skop.

Dit moes hy nie gedoen het nie. So 'n dooie dier het altyd nog lug in sy longe, en die skop dwing dit oor sy stembande uit.

Die leeu gee 'n laaste brul.

Daar waar hy reg voor die leeu se bek op sy hurke sit, los oom Hugo die tandemetery skieliker as wat hy daarmee begin het, en hy slaan reg agteroor. "Jou uilskuiken!" skree hy woedend toe hy weer orent kom, en hy wil Paultjie net kort en klein vat.

Laggend keer die ander mans hom.

"Die kind het dit nie met opset gedoen nie," sê sy vader.

"Ja," beaam die ander mans.

Paultjie mag nie openlik lag nie, en daarom gaan hy maar liewers die perde losmaak.

Ja, daar is meer as een rede waarom sy eerste leeu onvergeetlik gaan bly.

HAAI NEE, JOHANNA!

Hoewel heldedade gewoonlik met doodsgevaar gepaard gaan, bly 'n tikkie humor tog nie altyd uit nie. So was daar die geval van die kranige Johanna Wessels, gebore De la Rey – 'n eie tante van die latere beroemde Boeregeneraal. Die gebeure waarvan hier vertel word, het in die laat dertigerjare van die negentiende eeu afgespeel toe die Voortrekkers pas die landstreke anderkant die Groot- en Vaalrivier ingetrek het.

Buskruit is lewe as jy elke dag jou vryheid teen wilde dier en mens moet verdedig. Maar buskruit kry jy net in die ou Kolonie, en die vryheid is oorkant die Grootrivier. Nou wil die Kaapse regering nie meer toelaat dat die kruit oor die rivier geneem word nie. So probeer hulle om hul balhorige onderdane van weleer, wat in 'n Groot Trek uit die land verhuis het, weer terug te dwing.

Mattheus Wessels en sy vrou, Johanna, het ook getrek, en hulle woon nou op die plaas Tafelkop naby Winburg. Maar die kruit raak min.

"Dan gaan haal ons," sê Johanna. "Ons het buitendien negosiegoed ook nodig."

Die Wesselse reis met die ossewa tot by Colesberg, die naaste dorp oorkant die grens. Hulle koop en laai. Daar is genoeg buskruit vir 'n jaar.

"Ek verstaan die patrollies is deesdae baie bedrywig daar by die rivier rond," sê Mattheus bekommerd. "As hulle ons net nie voorkeer met al die kruit nie, want dan vat hulle dit nog boonop."

"Ons druk maar aan en hoop vir die beste," antwoord Johanna. "Dalk is ons fortuinlik."

Hulle kom veilig uit die dorp weg, maar sommer by die eerste uitspanning, terwyl Johanna nog haar vuurtjie stook om die koffiewater aan die kook te kry, slaan daar stoffies net hier agter die bult uit. En voor Mattheus nog tot verhaal kan kom, duik die eerste ruiters op.

Dis 'n grenspatrollie.

Mattheus Wessels bly vasgenael agter die wa staan. Al waaraan hy kan dink, is: "My kruit – my kosbare buskruit! Nou is alles verlore."

Maar daar is nog Johanna.

"Laai af die kruit," beveel sy.

"Aflaai?" vra Mattheus bedremmeld. "Wat sal aflaai ons help?"

"Bring dit hier na die vuur toe," sê Johanna, en sy vat al die eerste sakkie aan.

"Na die vuur toe?" sê Mattheus verslae. "Haai nee, Johanna! Dis te gevaarlik."

"Dan sal die patrollie ook nie die kruit daar kom soek nie," antwoord Johanna, en sy lê die eerste sakkie so 'n tree of twee van die vlamme af neer.

"Johanna . . .," wil Mattheus nog protesteer, maar hy kom nie verder nie, want Johanna vat al haar tweede sakkie. Toe sit hy ook hand by.

Die sakkies buskruit word netjies gestawel, Johanna gooi 'n kombers daaroor en plaas 'n kussing heel bo-op.

Daar gaan sy hoog en droog sit.

Net toe trek die patrollie hul perde agter die wa in.

"Ek het 'n lasbrief om elke wa wat die Kolonie verlaat, te deursoek vir buskruit," sê die offisier.

"Soek maar, Kaptein," sê Johanna. "Ons ken die wet."

Mattheus het nog nie sy stem teruggekry nie. Met groot oë staan hy na haar op haar gevaarlike troon en staar. Ewe doodluiters buk sy af en gooi nog 'n paar takkies op die vuur. Die vlamme gryp gulsig daarna; dit knetter en kraak, en die vonke spat. Die water in die ketel begin sing.

Die patrollie soek die wa deeglik deur, maar daar is niks te kry nie. "Jammer dat ons julle lastig geval het," sê die kaptein, en hy wil sommer weer vertrek.

"Wat van 'n bietjie koffie, Kaptein?" nooi Johanna vriendelik. "Die water is nou net reg."

"Dit sal lekker wees, dankie," antwoord die offisier, en hy stap nader.

"Maar Johanna . . .," sê Mattheus, en sy oë rek nog 'n bietjie groter.

"Sit sommer solank hier op my plek, Kaptein," bied Johanna gul aan. "Ek wil net die koffie maak."

"Dankie," sê die kaptein, en hy skuif homself niksvermoedend op die stapeltjie buskruit reg.

Daar word koffie geskink en koffie gedrink. Galant wil die kaptein weer sy sitplek vir Johanna ontruim, maar sy bring sommer vir haar 'n voustoeltjie nader. Sy gesels land en sand. Net Mattheus sê nie boe of ba nie.

Met 'n hartlike groet neem die patrollie eindelik afskeid, en die stofstreep veryl in die verte.

"Hemel, vrou," sê Mattheus, en hy vee die sweet van sy voorkop af. "Jy kon dood gewees het. As daar net een vonkie in daardie buskruit gespat het, was dit verby met jou."

"Toe maar, die vonkie het nie gespat nie, en ek lewe nog," antwoord Johanna.

"En toe laat jy daardie vent ook nog op die kruit sit," mor Mattheus vir oulaas.

"Dis nie ek wat die moeilikheid begin het nie," antwoord Johanna. "Hoekom moes ek dan alleen in die gevaar wees? Kom ons laai dat ons kan ry."

Die buskruit het veilig op Tafelkop aangekom.

DIE ONGELOOFLIKE RIT

Die Voortrekkers probeer hul eie Republiek Natalia opbou, maar uit die Kaapkolonie het die Britse owerheid die "groen land" in die oog. In 1842 word 'n Britse garnisoen na Port Natal gestuur, en dit loop op die Slag van Congella uit. Die Boere verdryf die Engelse en beleër hulle in hul kamp. Richard (Dick) King was ongeveer dertig jaar oud toe hy sy waagstuk onderneem het om hulp vir die Engelse te gaan ontbied.

Dit het heeltemal opwindend begin, hierdie dol rit na die suide. Toe was hulle nog twee, met vars perde, en voor hulle die avontuur. Maar nou is hy al ses dae in die saal en heeltemal alleen.

Dick King – setlaar, jagter en transportryer uit die klein Engelse gemeenskap van Port Natal – is op pad na Grahamstad om hulp te gaan ontbied. In 'n gewapende botsing met die Boere is die Engelse garnisoen beslissend verslaan, en hulle het na die verskansings teruggetrek waar hulle nou net kan lê en wag vir die genadeslag, want self kan hulle niks vermag nie.

Dis toe dat Dick King en sy troue Zoeloe-agterryer, Ndongeni, die nag met twee bootjies oor die baai geroei is, en agter elke bootjie 'n perd. Dis toe dat hulle die pad suidwaarts gevat het: ses honderd myl en twee honderd riviere ver. Maar halfpad kon Ndongeni nie verder nie, en Dick King moes hom by 'n sendelingstasie agterlaat om verpleeg te word. Nou is dit nog net hy.

Ruiter en perd skommel teen 'n lang skuinste af. Die perd se hare is gekoek van die sweet, salpeter en skuimvlokke. Die man en sy klere is besmeer met die modder van die baie riviere en die stof van lang myle. Die bosryke Natalse landskap met sy digbegroeide rivieroewers vol biesies en boomvarings en die ononderbroke bedrywigheid van voëls en wilde diere lê ver agter. Nou is hy in 'n wêreld van deinende, grasige heuwels. 'n Haas skrik uit sy lêplek op en vlug draaioor deur die polle. 'n Boktrop pronk ver links verby. Op die kruine hang die aalwyne hul vlamrooi fakkels uit.

Die man is maar vaag bewus van alles. Elke haal van die perd is 'n nuwe vermoeienis vir sy uitgeputte liggaam. Sy oë is bloedbelope, sy gedagtes suf en bot. Maar iewers, diep binnekant, leef nog die wil: "Ek moet . . . ek moet . . . ek moet!"

Skielik dring nuwe beelde met 'n skok tot hom deur en ruk hom uit sy halwe beswyming op. Voor hom het 'n halfmaan swart krygers dreigend uit die gras verrys, die gesigte uitdrukkingloos, die assegaaie gereed. Sy perd is so moeg dat hy sonder meer gaan staan.

Die leier van die groepie tree na vore en hou sy assegaai teen die ruiter se keel. "Nou het ons jou, witman!" sê hy spottend.

Deur sy bedwelming besef Dick King tog met vreugde dat hy die swarte se taal verstaan. "Wat het ek vir julle gedoen dat julle so met my maak?" vra hy.

"Jy het ons gejag, en nou jag ons jou," sê die swart aanvoerder onverbiddelik.

Dit moet seker die een of ander grensbotsing wees waarna die swartman verwys, en hulle verwar hom met een van die boere van die omgewing. "Nee," sê Dick King. "Nee, ek ken jou nie. Ek is nie van hierdie wêreld nie. Kyk my perd. Lyk dit soos die dier van 'n man wat net agter die bult woon? Ek kom ver – van Port Natal af, van die land van die Zoeloe-nasie."

"Hau!" sê die aanvoerder, en hy beskou die witman en sy rydier met nuwe belangstelling.

Dick King merk dat die vyandigheid kwyn, en hy praat, hou aan met praat, al voel sy mond dik en struikel sy tong oor die woorde. "Ek is op pad met 'n boodskap na Grahamstad toe, na die aanvoerder van die Britse magte. En ek is haastig. Anders sou ek nie gery het soos ek ry nie."

Die swart leier skud sy kop. "Jy kom van ver, witman, en die pad voor jou is nog lank."

"Ja," antwoord Dick King.

Die aanvoerder laat sy assegaai sak. "Kom," sê hy vir sy volgelinge.

"Dis nie die witman wat ons soek nie." En net so vinnig soos hulle gekom het, verdwyn hulle weer.

Dick King ry verder, maar die moegheid is soos lood in sy lyf. Daar is gelukkig nie meer so baie riviere nie, maar as hy deurgeswem het, sleep hy homself net weer met die grootste moeite in die saal.

"Ek moet . . . ," dink hy. "Ek moet!"

Nog twee dae gaan verby, nog drie. Dis nege dae vandat hy uit Port Natal weg is. Maar nege dae in die saal deur hierdie woeste land is 'n ewigheid. As sy perd dit tog net sal hou. Die dier is so uitgeput dat hy lang ente op 'n stappie vorder. Teen die aand wanneer hy 'n bietjie afsaal en 'n paar uur droomloos slaap, is die dier te moeg om te wei.

Die tiende dag. Dit kan nou nie meer te ver wees nie . . . nie te ver . . . nie te ver nie. Dick King gesels hardop met sy perd, en die dier luister na sy stem en strompel moedig voort.

Eindelik, anderkant 'n laaste bult, in 'n vallei: huise, mense, lewe.

"Bring my asseblief dadelik na die offisier in bevel," sê Dick King vir die eerste verbyganger wat hy teëkom. Die vreemdeling kyk net een maal na die man en sy perd, en dan weet hy dat dit 'n saak van lewe en dood is.

Aandagtig lees die kolonel die lang verslag uit verre Natal. Dan kyk hy ongelowig na die datum. "Wil jy vir my sê jy het hierdie afstand in net tien dae afgelê?" vra hy.

"Ja, Kolonel," antwoord Dick King.

"Verbasend," sê die kolonel. "Ses honderd myl te perd in tien dae deur só 'n landstreek. Dis nie elkeen wat dit sal regkry nie."

"Dit is 'n perd duisend, Kolonel," sê Dick King.

"En 'n man uit 'n miljoen," sê die kolonel.

RACHELTJIE DE BEER

Dit moes, volgens oorlewering, om en by die helfte van die 1840's gewees het toe dié geskiedenis hom op 'n plaas aan die Transvaalse kant van die Drakensberge afgespeel het. Die gesin De Beer het hier by 'n vriendelike boer oorgestaan terwyl die vader nog besig was om 'n geskikte lap grond te soek waar hulle self kon gaan huis opsit. Dié deel is een van die koudste streke in die hele bewoonde Suid-Afrika.

Dis gure winternag met stormwind en reën, en tussendeur vlok die vlae sneeu. G'n mens of dier sal onbeskut bly leef nie, en almal skuil so diep en warm weg as hulle kan teen die ysige geweld. Maar onder teen die spruitwal is daar tog 'n late wandelaar, 'n meisie van skaars twaalf. En sy is nie alleen nie. In haar arms dra sy 'n seuntjie van 'n jaar of ses. Sy moet verdwaal het, want sy strompel blindelings. Die seuntjie kerm.

"Toe maar, Boetie," troos sy, "ek sal jou warm hou."

Hulle het 'n kalfie gaan soek wat agtergebly het, vanaand toe die beeste kraal toe gebring is, terwyl die wolke dreigend nader maal. "Kyk jy hier onder by die spruitjie rond," het haar pa vir haar gesê. "Ek sal daar oorkant langs 'n draai omstap." Toe wou haar boetie opsluit ook saam, en die meisie het sy hand gevat.

Hulle het fluks gevorder, hoewel hulle niks gekry het nie, totdat die nag hulle oorval het – en die storm. Die seuntjie kon nie verder loop nie, en sy het hom opgetel.

'n Vyftig tree ver worstel sy en hoop verby die hoop dat daar 'n stem sal wees, of 'n geweerskoot dalk, of iewers tog 'n vonkie vuur wat wink. Maar alles bly nagswarte duisternis, en dit is net die wind wat roep.

Die meisie kan nie meer nie. Sy is so moeg. As sy net êrens 'n skuilplaas kan kry. Koorsagtig kruis sy die veld toe haar velskoen teen 'n miershoop stoot. Sy gaan staan. Dis die enigste skans op hierdie barre vlakte. Haarself sal dit nie kan red nie, dit weet sy, en

die sekerheid is 'n verligting ná die twyfel. Maar haar boetie! Die seuntjie huil nou rukkerig, want die koue pyn.

"Toe maar, Boetie," paai sy weer en laat hom op die grond afsak. Moeisaam maak sy die skaapvel-karossie oor sy skouers los, want haar vingers is styf en dom, en wikkel dit om sy verkluimde bene. Dan trek sy haar eie lang rok uit en haar onderrok om hom nog warmer toe te dek.

Die meisie gryp om haar rond totdat sy 'n skerp gepunte klipskerf kry, en soos haar moeder haar geleer het wanneer hulle 'n veldoond maak om brood te bak, hol sy die miershoop uit. Die inspanning van die arbeid verhit haar trae bloed, en die werk kom tog eindelik klaar.

"Toe maar, toe maar, Boetie!" sus sy die kleine terwyl sy haar

wolonderhemp bo-oor die ander klere vir hom aantrek. Versigtig lê sy hom diep in die miershoop neer, so veilig en beskut as wat sy dit in hierdie nag kan doen.

Daar is nog net één ding oor voordat sy ook sal rus. Die meisie vly haar met haar rug teen die opening in die miershoop aan om so die storm met haar naakte lyf nog verder af te keer.

Die wind het effe bedaar, en die sneeu val vinniger en hoop in drifsels teen haar op, maar sy voel haar liggaam nie meer nie. Net haar hart is lig en warm. Sy swewe.

Die volgende oggend met ligdag en kalmer weer toe haar mense haar daar kry, het Racheltjie de Beer reeds lankal in die dood verstyf. Maar haar boetie lewe.

DIE REDDING VAN KOL

Die name van Flippie Neser en Petrus de Lange is onafskeidelik verbonde aan daardie moeilike jare van die Republiek Oranje-Vrystaat, hier teen die helfte van die negentiende eeu, toe daar telkens botsings tussen die Boere en hul bure, die Basoeto's, was. Die Basoeto's het gesê dat die Boere hul grond kom beset het, terwyl die Boere weer daarop gewys het dat dit kaal, onbewoonde wêreld was toe hulle daar ingetrek het. Selfs 'n oorlog kon die geskil nie besleg nie, en die Basoeto's het voortgegaan om hul veetroppe op die Boere se plase in te stoot, dieselfde suipings te gebruik – en om te vat wat hulle in die hande kon kry. Dis toe dat die twee veertienjarige seuns hul heldedaad verrig het.

Kol is weg, en Kol is Flippie se perd. Om van verdwynende vee te hoor, is vir Flippie glad nie snaaks nie. Hy is nou veertien jaar oud, en vandat hy sy verstand gekry het, gaan dit maar so hier in die Vrystaatse Republiek op die Basoetolandse grens waar die Nesers boer.

Maar dit was nog nooit Kol nie.

Flippie se oë blits. "Ek sal hulle wys!" sê hy.

140

Hy gryp sommer een van hul veewagters se Basoeto-ponies wat nie in die slag gebly het nie, en hy ry oor na sy boesemvriend, Petrus de Lange, toe. "Daar sal plan gemaak moet word," sê Flippie toe hy sy storie klaar vertel het.

"Ja," stem Petrus saam. "Maar wat?"

"Ons gaan hom haal," sê Flippie.

Petrus knik sy kop. Dit sal 'n waagstuk wees, maar hy weet: Kol is dit werd.

Donkeraand beweeg drie ruiters in die rigting van die Basoetolandse grens. Dit is Flippie en Petrus en April, gesoute

Basoeto-veewagter van die Nesers. Pa Neser meen dat Flippie die aand by Petrus gaan slaap het; Ma De Lange dink dat Petrus by Flippie kuier. Net ou April weet.

Flippie is seker dat die verdwyning van Kol die werk is van Tsekelo, een van die Basoeto-koning, Mosjwesjwe, se seuns, wat vir hom net oorkant die grens 'n groot kraal gebou het om die weggevoerde perde in te jaag tot hy en sy helpers dit onder mekaar verdeel het. En April ken die plek.

Nou is hulle by die grens. Hulle vorder baie saggies. Daar word net gedemp gepraat. Sover moontlik druk hulle die perde by droë lopies in waar die los sand die hoefslae doof. Hier en daar sien hulle die kole rooi gloei by staanplekke van die Basoeto's, maar dis alles stil.

"Daardie rantjie," beduie April. "Ons moet daar uit."

Behoedsaam vleg hulle boontoe tussen klippe en struike deur.

"Daar!" sê April toe hulle bo kom.

Die maan is al op. Donsig in die silwerige lig staan die gras en bossies hier voor hulle, om verder teen die gelykte af tot 'n aaneengeslote laken wit te vervaag wat sowat 'n myl weg deur 'n donker vlek onderbreek word.

"Dis Tsekelo se kraal," sê April.

Die twee seuns klim af en vat hul geweers.

"Bly jy hier by die perde, April," sê Flippie. "Ons is nou-nou weer terug."

"Auk!" sê April. "Daar is baie mense wat die plek oppas. Julle moet oopoë loop."

Die twee seuns sak teen die skuinste af. Dis 'n kaal wêreld sonder enige beskutting waaroor hulle beweeg. As die Basoeto's se honde die geringste onraad merk, is dit klaarpraat.

Gebukkend sluip die twee vriende voort.

Nou is hulle by die kraal, en net anderkant kan hulle die donker boggels van die Basoeto-hutte uitmaak.

143

Maar alles bly grafstil.

Die kraalmuur is gelukkig nie te hoog nie, en daar staan 'n hele klomp perde. Flippie se oë soek gretig. Ja, dis Kol daardie!

Hulle seil oor die muur. Nou moet hulle doodnugter tussen die perde deurstap en Kol gaan vang, want as hulle onnatuurlik optree, sal die diere verskrik wegvlieg en hulle verklap.

Kol runnik saggies toe Flippie die halter oor sy kop trek, en haastig druk die seun sy perd se twee neusgate met sy bakhand toe.

"Toe nou maar, my perd," paai hy en begin hom stadig na die hek se kant toe lei.

"Dit voel darem maar aardig," fluister Petrus, en hy ril so effens.

"Sjuut!" sê Flippie.

Kort duskant die uitgang staan 'n jong hings wat die twee seuns wantrouig dophou. Petrus fluit 'n gedempte paaideuntjie, maar net toe hy sy hand na die riem uitsteek waarmee die hek vasgemaak is, steier die jong hings verskrik op sy agterpote en runnik dringend.

Nou is dit een warboel in die kraal.

Perde storm met donderende hoewe na alkante, maal teen die mure in die rondte, proes en lawaai. By die Basoeto-hutte begin die honde woedend blaf.

Hulle is ontdek!

Dit help nie meer om nog versigtig te probeer wees nie. Spoed is al wat tel.

"Maak oop die hek!" skree Flippie vir Petrus wat nog altyd met die riem staan en sukkel.

"Maar die ding is geknoop," protesteer hy. "Ek kan hom nie loskry nie."

"Sny deur!" beveel Flippie.

Net toe sien hy twee swart skimme van die hutte se kant af nader kom. "Basoeto's!" waarsku hy kortaf en gryp sy geweer. Petrus volg sy voorbeeld.

Twee skote dreun byna gelyktydig deur die nag.

"Lekhoa! – Witmense!" hoor hulle die Basoeto's roep, en die twee gedaantes vlieg kort om vir hulp en wapens.

Petrus se mes is gelukkig skerp. Nou is die hek oop. Saam-saam spring die twee vriende op Kol se rug.

"Kom nou, my perd!"

Kol ken sy baas se stem, en hy laat nie twee maal met hom praat nie.

Flippie en Petrus is al weer by April op die koppie voor die Basoeto's tot verhaal kom, en toe is dit te laat.

Veilig bereik hulle die huis.

Kol is gered.

DIE SWARTMAANHAAR VAN DIE SUIDE

In ons hele galery van oorlogshelde is daar geeneen merkwaardiger as Louw Wepener nie. Hy was 'n fyn beskaafde mens wat deur die omstandighede van die tyd gedwing is om veldheer te word en sy lewe vir sy land te gee op die 15de dag van Augustus 1865.

Dit was ses honderd man teen twee duisend – en 'n berg.

Dit was ses honderd en 'n Swartmaanhaar. En die ses honderd juig, maar die twee duisend huiwer.

Net die berg lê bewegingloos.

Dis die Basoeto's wat hom eerste die Swartmaanhaar genoem het. Toe die gedurige wrywing oor die grondkwessie eindelik op oorlog tussen die Republiek Oranje-Vrystaat en Basoetoland uitloop, het Louw Wepener as waarnemende kommandant op kommando gegaan. Maar spoedig was hy aanvoerder van al die suidelike magte wat die vyandelike gebied seëvierend van onder af binnegedring het. Dis toe dat hy sy nuwe naam gekry het – hy wat vroeg voordag op sy prooi spring nog voor die grysbok haar lam laat drink.

Die Basoeto's is egter nog glad nie verslaan nie. Koning Mosjwesjwe het sy hoofstat op Thaba Bosigo, die Nagberg, gemaak – daar op die gelykte bo met genoeg ruimte vir mense en beeste ook, en selfs 'n fontein, met rondom 'n kraag van feitlik ondeurdingbare kranse. 'n Besoek aan die bergkruin is op sy beste 'n beproewing: steiltes, rotslyste, weer steiltes, loodregte afgronde. En nou het die Basoeto's vier van die vyf poorte heeltemal met klippe toegepak en 'n reeks skanse in die vyfde gebou. Dis hier voor die Nagberg waar die Vrystaters laer opgeslaan het.

Van die begin af loop sake verkeerd met die Vrystaatse aanval. Reeds van kort ná middernag af word al gesukkel om 'n strydmag gereed te kry. Daar heers 'n ongelooflike verwarring. Die krygsraad onder voorsitterskap van generaal Fick, die hoofkommandant, het

147

besluit dat kommandant Wepener die aanslag met duisend van die drie duisend beskikbare manne moet lei. 'n Skrale ses honderd bied hulle vrywillig aan. Die orige vier honderd moet gekommandeer word. Hulle is ontevrede.

Toe die son in die ooste uitkruip, skud Louw Wepener sy kop. Dis nou te laat. Die Swartmaanhaar se tyd het verbygegaan.

Eers teen nege-uur die oggend bereik die Boeremag die punt voor die berg van waar hulle moet optree. Maar die hoofleiding bly besluiteloos. Kommandant Wepener gaan sit eenkant en stop sy pyp. Nou moet maar kom wat wil.

Generaal Fick weet nie presies wat om te doen nie. Haastig hou hy kajuitraad met 'n paar van sy bes bevriende offisiere. Dan kry Wepener die boodskap dat die aanval vir die dag afgelas word. Hy moet net die duisend man en twee kanonne vat vir 'n opmars rondom die berg.

"Dink generaal Fick dan miskien hierdie berg is Jerigo – of lyk ons vir hom soos Israeliete?" mor die burgers toe hulle dit hoor.

Die optog begin, kruip stadig voort tot naby 'n graskoppie, en daar kom dit heeltemal tot stilstand, want een van die kanonne het in 'n sloot vasgeval. Orals steek die burgers vuurtjies aan om koffiewater te kook en haal padkos uit. Baie ry sommer sonder verlof terug laer toe. Dit lyk meer na 'n piekniek as 'n veldtog.

Lank kan kommandant Wepener egter nie so ledig bly nie. Hy klim op sy perd en ry nader om weer te gaan verken. Hoeveel maal het hy die vesting nie al betrag en die moontlikhede oorweeg nie? Maar 'n mens kan nooit te veel van die vyand te wete kom nie.

Die Nagberg lê los in 'n vallei, 'n hoogvlakte met riviere voor hom, en agter die streng spitse van die Maloeti-reeks. Soos 'n reusagtige dier wat pas uit sy slaap ontwaak het, lyk hy: die kop effens opgelig, die een agterpoot lui uitgestrek, rustig, seker van sy krag.

En voor die berg staan die man: stewig gebou, regop, swartbruin hare wat soos 'n leeu se mane onder die hoed uitkrul, 'n welige volbaard. Maar dis sy oë wat die mense vasvat en hulle nie weer kan vergeet as hulle eenmaal daarin gekyk het nie – donker oë soos die nag, met sterre in.

Kommandant Wepener maak 'n paar aantekeninge in sy sakboek. "Nie sleg nie," mompel hy. Hier bokant hom is die poort met die skanse. Miskien sal dit tog die beste plek vir 'n aanval wees – môre, oormôre, of wanneer dit ook al gaan plaasvind.

Net toe jaag 'n boodskapper van generaal Fick af nader. Wepener frons toe hy die briefie lees: "Die krygsraad het ná rype oorleg besluit dat die berg wel vandag bestorm moet word. Trek dadelik terug na die aanvalspunt toe." Hy kyk na die boodskapper. "Sê vir generaal Fick as ons dit dan móét doen, lyk hierdie plek vir my beter," beveel hy die burger.

Die hoofkommandant kom self kyk. "Dan moet jy maar hier aanval," sê generaal Fick. Skielik praat hy heftig: "Ons kan nie 'n hele strydmag uit die laer laat opruk en niks doen nie. Die burgers sal sommer eie reg gebruik en huis toe gaan."

"Dit het ons tog van die begin af geweet," antwoord Louw Wepener kalm, maar generaal Fick neem die woorde verkeerd op. "Nou ja, kommandant Wepener, ek beveel jou: Gaan! Storm die Nagberg en neem hom in besit!" sê hy kwaai; sy stem bewe.

Kommandant Wepener steur hom nie daaraan nie. "Die vrywilligers van vanoggend sal my seker volg. Maar dit sal dalk nie genoeg wees nie."

Generaal Fick se woede gaan net so skielik lê as wat dit opgevlam het. "Tog net nie weer kommandeer nie," sê hy byna pleitend.

"Ek weet nie wat Generaal gaan maak nie, maar as ek hulp nodig het, moet die versterkings gereed wees," antwoord Louw Wepener.

"Goed, ek sal daarvoor sorg. Vir die kanonne ook. Begin nou net."

Louw Wepener ry na sy adjudant toe. "Kry die burgers bymekaar," sê hy.

Die fluitjie blaas.

"Ons gaan die berg aanval, net hier bokant deur die poort," sê kommandant Wepener toe almal luister. "Dié van julle wat bereid is om saam te gaan, kom hier na my toe."

Ses honderd bestyg hul perde.

Dis 'n mooi Augustus-dag, stil en oop, soos dit in die nawinter kom wanneer die wind gaan lê en dit byna voel of dit al lente kan wees.

Die Vrystaters dring om hul leier saam. Die merendeel is van die burgers uit die suide wat die veldtog onder hom meegemaak het – ook die bruinmense.

"Burgers," sê Louw Wepener kalm, "ek moet julle dit op die hart druk dat ons kans op welslae afhang van die spoed waarmee ons die aanval uitvoer. Ons sal in drie groepe gaan: kommandant Bester op die linkerflank, kommandant Venter op die regterflank, terwyl ons ander in die middel slaan. Maar as ons die eerste skans bereik het, moet julle van die kante af met geweld inkom na ons toe sodat ons in één golf daaroor kan spoel. As ons eers vinnig een of twee gevat het, sal die Basoeto's skrik, sodat ons die laaste twee kan oorrompel. En wanneer ons deur die poort van die berg is, sal niemand ons meer stuit nie."

"Hoerê!" juig die burgers om hul gevoelens lug te gee. Kommandant Wepener lig sy arm. Die burgers word stil. "God sy met julle," sê hy. Dan swaai hy sy hand af sodat sy vinger na die Nagberg wys. "Kom, burgers!" beveel hy.

Hulle jaag met die perde in tot onder die kranse. Van hier af moet hulle te voet verder.

Toe die voorste Vrystaters bokant die rotslys uitkom, begin die Basoeto's skiet. Hulle is goed gewapen. Van die hoogvlakte af antwoord die Boere-kanonne, maar die meeste koeëls klap onskadelik teen die hoë kransmuur vas, of vlieg los bo-oor.

Honderd man sien nie verder kans nie en bly by die perde agter. Daar is nog vyf honderd oor.

Stadig, te stadig ontplooi die Boeremag, kruip die twee voelers na weerskante toe uit van die middelste wig af. Die kloof links is vol Basoeto's wat onophoudelik vuur. Bo uit die kranse stort rotsblokke op die Vrystaters neer.

Die Basoeto's in die kloof bied kwaai weerstand, en die linkervoeler bly agter.

Op die regterflank word kommandant Venter swaar gewond en afgedra. Sy burgers weet nie verder nie.

Dis net die speerpunt in die middel wat nie stomp word nie.

Hulle bereik die tweede kransmuur. Drie van die burgers buk, en kommandant Wepener en twee van sy manne hys hulleself boontoe. Dadelik val hulle plat om hul makkers met spervuur te dek. Een vir een kom agterna.

Van klip tot klip, soms sommer plat op die oop grond.

Hoër, altyd hoër.

Die middagson bak op hul rûe. Doringbossies skeur hul klere. Gruisklippe vreet in hul elmboë en knieë.

Om hulle, oor hulle dreun die eentonige lied van die dood.

Nou lê die skanse voor, tussen twee ewewydige klipriwwe wat steil na die bergpoort oploop. Hier moes die twee voelers van weerskante af ingeswaai het om hulle by die middelgroep aan te sluit. Maar daar is al drie gedood, meer as 'n dosyn gewond, en die ander het nie meer veel hoop nie.

By Louw Wepener is nog net honderd man.

Vir die eerste maal huiwer die kommandant. Vrees ken hy nie, omdraai sal hy nie. Maar hulle wat om hom is, weet dat hy aan sy

burgers se veiligheid dink. Hulle is so bitter min.

Sal daar dan geen hulp kom nie?

Louw Wepener stel sy verkyker in, speur berg af, laat dit weer sak. "Gaan dadelik na generaal Fick toe," beveel hy een van die burgers, "en vra vir hom of ons nie versterking kan kry nie." Dan kyk hy na die groepie om hom. "Ons sal 'n halfuur hier vertoef," sê hy. Hulle is redelik veilig agter 'n klomp rotsblokke verskuil, skiet net so nou en dan om die Basoeto's besig te hou.

Een van die offisiere kruip na die kommandant toe. "Die spul lafaards," sê hy met blitsende oë.

Louw Wepener skud stadig sy kop. "Lafaards – nee, dit glo ek nie," antwoord hy. "Daar sal seker diesulkes ook wees, maar nie 'n hele leërmag nie. Wat ek wel sê, is dat ons leiers te veel dwaashede begaan. Die voorbokke kan nie mik-mik loop nie, dan bars die hele trop verby."

"Dié Fick, ja . . ."

"Moenie net vir generaal Fick die skuld gee nie," spreek Louw Wepener hom weer teë. "Hy is 'n dapper man, maar hy het ongelukkig te veel vriende aan wie hy sy ore uitleen. Al die gepraat van sy raadgewers maak hom besluiteloos, en dis waar die moeilikheid begin."

Die halfuur gaan verby. Daar is geen teken van hulp nie.

"Dan druk ons aan," sê die kommandant. "Ons verdeel weer in drie groepe: kommandant Wessels, neem jy dertig man op die linkerflank; kommandant Pansegrouw dertig aan die regterkant. Ek vat die oorblywende veertigtal."

Hulle is gereed.

"Kom, burgers!"

Die aanval op die skanse het begin.

Louw Wepener spring op en hardloop gebukkend vorentoe. Die Basoeto's sien wat kom, en hulle skiet, skiet sonder ophou. Maar kans vir aanlê is daar nie, want van links en regs hou kommandante Wessels en Pansegrouw se vuur hul koppe af.

Die voorste burgers is nou so naby die eerste skans dat assegaaie en strydbyle tussen hulle ingeslinger word. Een struikel en val. 'n Tweede.

Kommandant Wepener kom orent. Katagtig klouter hy teen die ses voet hoë klipmuur uit, druk sy pistool bo-oor en skiet die magasyn leeg. Langs hom volg twee, drie burgers sy voorbeeld.

Nou is Louw Wepener op die skans. Verwonderd kyk die burgers hoe hy homself ophef. 'n Oomblik staan hy so, fors en vreesloos. Dan verdwyn die Swartmaanhaar agter die klipmuur in.

Een vir een plof die voorste Vrystaters langs Louw Wepener neer. "Kom, burgers!"

Die tweede skans val.

Die Basoeto's het Louw Wepener lankal geëien, en toe hy die eerste twee skanse so maklik vat, yl die boodskap berg uit: "Die Swartmaanhaar is in die poort! Ons kan die Swartmaanhaar nie keer nie. Ons koeëls word water, ons assegaaie is riete in die wind."

In die tweede skans huiwer die kommandant weer. Daar is skaars vyftien man by hom, en in die eerste skans wag seker nog soveel. Dit word nou werklik 'n gevaar dat hulle die skanse in besit kan neem, maar nie genoeg mense sal wees om die aanval na die berg toe uit te brei nie. Louw Wepener stuur weer 'n boodskapper. "Ons sal 'n rukkie hier wag," sê hy.

Maar te lank kan hulle nie vertoef nie. Die kommandant kyk na die son wat reeds laag bokant die horison hang en beduie na die derde skans se kant toe. Hulle storm.

Dit lyk asof niks hom kan stuit nie. Dis net opklouter, vuur, oorspring, plat val, weer vuur.

Hulle het die derde skans ook ingeneem. Nog net een skans staan tussen hulle en die kruin van die Nagberg. Maar in die tweede skans het 'n makker vir goed agtergebly.

Die Basoeto's werp alles vir laas in die stryd. Hulle het die Boere nou van drie kante onder skoot: uit die vierde skans, en van die rotspunte af aan weerskante van die poort. Hulle veg omdat daar niks anders oorbly nie, maar hul moed is min. So 'n vyand het hulle nog nooit gesien nie, geeneen het nog so in hul ore kom brul nie. Dis asof hul geliefde berg self vir hom bang is, of sy poort oopgaan as hierdie stem praat.

Kommandant Wepener kyk na die vier naaste aan hom. Onder hulle is een van die bruinmans. Die kommandant glimlag met hulle. Dan gly hy vinnig van klip tot klip, bespied, oorweeg.

Een van die jong burgers kan die spanning nie meer verduur

nie. Dis George Finlay, seun van 'n kommandant. Hy hardloop vorentoe, duik langs Louw Wepener neer. "Gaan ons verder, Kommandant?" vra hy.

"Ons gaan verder," antwoord hy.

George maak 'n beweging asof hy orent wil kom, maar die kommandant pluk hom neer. 'n Sarsie koeëls spat teen die klip. "Stadig, ou seun," maan hy. "Laat ek eers sien of dit veilig is."

Die kommandant lig sy voorlyf.

Kruitdampe vul die lug. Die lawaai is oorverskeurend. Koeëls, rotsblokke, assegaaie en strydbyle reën om hom neer.

"So moet die dal van die doodskaduwee wees," dink hy, "maar ek sal geen onheil vrees nie."

Dis net oor sy burgers, hulle wat hom vertrou, wat hy liefhet, dat hy terughou. Maar dit kan nie anders nie.

Louw Wepener lig sy arm, wys na die laaste skans. Sy lippe vorm al die woorde: "Kom, burgers!"

Toe ruk iets vreeslik aan sy lyf. Hy voel die geweld van die stormwind in sy bors, hy hyg soos in diep waters.

'n Groot gejuig styg bo die berg op.

Een van die burgers strompel nader. "Kommandant!"

"Tot hier toe . . . Ek . . . kan nie verder nie," stamel Louw Wepener, en sy kop knik op sy bors af. Die koeël het in die hart getref.

Sy groepie manne is verbysterd. Die bruinman spring regop. "My kommandant!" skree hy. Toe word hy ook neergevel.

Berg op, berg af vlieg die berig van Louw Wepener se dood.

"Die kommandant het gesneuwel!"

"Die Swartmaanhaar is dood!"

Die son is al onder, die aandwindjie kom op. Koel stoot dit oor die vallei, teen die berghang uit.

Die burgers huiwer. Vol nuwe moed slaan die Basoeto's skreeuend toe.

Met lewensgevaar, met spervuur en die hulp van die kanonne, kry die Boere dit tog reg om die Basoeto's terug te hou tot hulle die dooies en gewondes van die berg af gebring het. Maar die lyke van die voorstes kan hulle nie uitkry nie.

In die tweede skans bly 'n burger agter.

In die derde die bruinman – en Louwrens Jacobus Wepener, gesneuwel in die ouderdom van 53 jaar en 25 dae.

Hy het geval toe hy die onmoontlike vermag het en die berg reeds oorwin was. Want die Basoeto's was aan die vlug toe hy getref is. Nooit voor hom is dit gedoen nie, en geeneen ná hom kon dit ooit regkry nie.

Maar hy was hý.

DIE WELPIE EN DIE LEEU

Die Robbertses van Wes-Transvaal was bekend as onverskrokke mense en groot jagters. Daar op 'n plaas in die distrik Rustenburg het die volgende merkwaardige geskiedenis hom afgespeel – jare der jare gelede, toe die wêreld nog wild was.

"Nee, so kan dit nie langer aangaan nie!" Ou-oom Franie praat sommer in die algemeen en met niemand in die besonder nie. Om die waarheid te sê, daar is g'n sterfling naby wat hom kan hoor nie. Maar één ding is seker: as Ou-oom die dag so met homself loop en gesels, is daar moeilikheid. En die ou man het rede om ongelukkig te wees. Naaseergisternag het 'n leeu 'n muilesel van hom gevang, en passeerde nag was dit weer 'n uitgegroeide os.

"'Nee, so kan dit nie aangaan nie," herhaal ou-oom Franie toe hy vroeg-vroeg die oggend sy bure een vir een nary, en almal stem saam. Daar en dan word 'n leeujag georganiseer.

Toe hy van die doenigheid hoor, gaan klein Fransie – nege jaar oud – sy ligte pangeweertjie haal. "Vadertjie, ek loop saam," sê hy beslis.

Klein Fransie Robbertse is 'n broerskind van ou-oom Franie wat

soos sy eie deur die ou man grootgemaak is, en dis dié dat hy hom altyd "Vadertjie" noem.

Ou-oom Franie is glad nie ongeneë om klein Fransie op die leeujag saam te vat nie, want hy glo dat 'n seunskind van kleins af 'n man moet wees. Dis waarom hy vir hom die pangeweertjie present gegee en hom leer skiet het. "En ek moet sê," vertel hy graag met trots aan sy vriende, "die kêreltjie is al handig met die ding." Tog waarsku hy nou, eintlik meer om die kind te toets: "'n Leeu is g'n mens se speelmaat nie."

"Vadertjie is mos daar," hou klein Fransie vol, "en ek het my geweer."

"Goed dan," sê die ou man met 'n skewe laggie.

So kom dit dat die jaggeselskap hier teen elfuur wegstap, 'n goeie vyf geweers sterk – en 'n geweertjie. Om die spoor te hou, is vir hulle g'n kuns nie, want vir die geoefende oog lê die leeu se koers so oop soos 'n wapad deur die veld en ruigte. Dit kos net aanstoot, en nog veilig ver van die leeu af is almal helde. Die een het 'n beter jagstorie as die ander, en altyd is dit die verteller wat die koningsrol speel. Klein Fransie kan hom so verluister, en hy wonder ongeduldig wanneer die dag sal kom dat hy ook kan saampraat.

Die leeu het ver en vinnig getrek, en dis al laatmiddag voor hulle

163

eindelik by sy skuilplek kom. Toe die honde hom opjaag, is ou-oom Franie gereed, en hy vuur. Maar die lood wil die dier nie platruk nie, en die skerp brandpyn van die koeël in sy vleis sweep hom op tot raserny.

Koorsagtig begin Ou-oom sy geweer weer kruit en lood voer, maar met so 'n ou voorlaaier gaan dit stadig, en die leeu is op hom voor hy nog 'n skoot kan inkry. Van sy grootmond-vriende is daar nou g'n teken nie. Soos mieliepitte het hulle weggespat toe die leeu sy stem dik maak. Hulle weet nie eens wat gebeur nie, want dis voet in die wind en hakskene wys. Net klein Fransie het ewe grootman ook sy pangeweertjie gelaai. Net klein Fransie het getrou agter die ou man bly staan. En nou sien hy met ontsetting hoe die leeu sy Vadertjie hier voor hom platspring, wydsbeen oor hom te lande kom en aan sy blaaie begin kou.

Dis sy liefde wat klein Fransie 'n held maak – sy liefde, en sy goeie bloed, want die Robbertses was nog nooit bang mense wat 'n makker in die steek sou laat nie. Hy dink nie eens daaraan om te vlug nie. Hy steur hom nie aan die gevaar vir sy eie lyf nie. "Ag Vadertjie! Ag, my Vadertjie tog!" kerm hy. Toe dring die liefde hom

nog sterker. Hy weet dat hy iets sal moet doen, en gou ook, of anders is sy Vadertjie vandag hier voor sy oë dood. Daarom sluk hy sy snikke weg, druk die tromp van die geweer op die leeu se oor en trek af.

Dis net 'n skoot klein, klein koeëltjies uit 'n klein, klein geweertjie, maar die korrel is suiwer. Die leeu kou nie meer nie, sy oë verglaas, en met sy laaste kreun sak hy op die ou man neer.

Klein Fransie slinger die geweer weg. "Vadertjie! Vadertjie!" roep hy oor en oor terwyl hy met alle geweld aan die loodswaar karkas klou, maar sy krag is te min. "Vadertjie! Ag, help tog! Die leeu lê my Vadertjie dood!" skreeu hy. En as hy 'n oomblik stil word, roggel die ou man se asem.

Die manne van die groot monde het gehoor dat daar nog 'n skoot val. Die manne van die vinnige hakskene het geluister, maar die leeu is stil. Dis net die kind wat kla en huil. Een vir een kom hulle terug, loer-loer deur die struikgewas, versigtig, o so versigtig, want met 'n leeu kan 'n mens nooit weet nie. Maar toe hulle eers seker gemaak het dat al die gevaar gewyk het, is daar tog genoeg helpende hande.

Een-twee-drie het hulle die leeu van Ou-oom afgesleep. Ja, hy leef nog, maar hy is erg vermink. Rus-rus word hy huis toe gedra.

"Hy het g'n kans nie," profeteer hulle somber.

"My Vadertjie sal nie doodgaan nie!" roep klein Fransie uit, en voor die oë van die kind word hulle stil.

Ou-oom Franie het dit tog oorlewe, al was hy van toe af krom en geboë en gebreklik.

Ou-oom Franie het baie, baie oud geword.

Daar is al weer 'n jong geslag kinders wat niks van die ou dae se dinge weet nie, en Ou-oom vermaak hulle graag met sy ondervindings. Maar die ereplek bly altyd vir die verhaal van klein Fransie Robbertse, sy welpie van nege jaar, wat daardie dag sy Vadertjie uit die kake van die dood gered het.

TOE DIE GENERAAL NOG JONK WAS

1. Die Drenkeling

Uit die gryse vergetelheid waarin so baie van die mens se daaglikse doen en late noodwendig moet verdwyn, flits daar tog hier en daar 'n helder oomblik op wat verdien om onthou te word. Dit is die geval met die redding van die klein James Barry Munnik Hertzog, die later beroemde generaal, deur die heldhaftige optrede van 'n onbekende bruinman.

Die klein Barry moes dit nooit so na aan die waterkant gewaag het nie, maar die rivier was te aanloklik. Bruisend stroom hy tussen sy groen oewers deur, en dit gaan asof hy gesels en lag – totdat hy in sy vaart jou voete onder jou uitpluk en jou saamsleur: ver, ver weg. Dan wil sy arms jou nie weer laat los nie, en sy hart is koud en stil en donker.

"Help!" skree die kind, en hy spartel vertwyfeld, maar die water sluit weer en weer oor sy kop.

"Help!"

Die doodsvrees is op hom, en waar sal daar tog hulp vandaan kom?

"H-e-e-e-lp!"

Iets gryp-gryp aan sy arm en pluk hom dwars teen die vaart van die stroom in. Hy is so verward dat hy hom nie eens daaraan steur

nie en hom oorgee aan wat ook al gebeur. Dis sy redder wat die kind daar beet het, en die oewer kom stadig, pynlik stadig nader.

Die bruinman het langs die Bergrivier opgestap toe hy die flou stemmetjie hoor roep en die kind sien wegsak. Hy ken die rivier, en hy weet van sy nukke en grille en bedrieglikheid. Dit het swaar gereën die afgelope weke, dae en nagte lank, met net nou en dan 'n verposing voordat die noordwestewind weer die wolke donker en driftig instoot: 'n regte Bolandse winter. Vanoggend is eintlik die eerste helder dag, maar die wêreld is deurnat. Elke stroompie kom af en voed die riviere, en die riviere dy teen hul walle uit en jaag rasend see toe om daar hul waters uit te stort.

Vir g'n oomblik huiwer die man nie, al weet hy ook dat hy nou op die grens van dood en lewe gekom het. Hy hardloop teen die rivier af om onderkant die kind te kom terwyl hy sy klere intussen van hom afskud.

Dan duik hy in.

Hy is 'n sterk swemmer, en die water stoei vergeefs met hierdie nuwe prooi. Nou is hy by die kind, en die moeilike terugtog begin. Dis spier en brein en vernuf en die wil om te lewe en laat lewe teen die dood.

Die water spoel hom af, maar hy vorder tog. Toe voel hy die vastigheid van die goeie aarde onder sy voete, beur orent, waad die laaste paar tree met die kind in sy arms en sit hom op die gras neer.

"Ai, jy het amper verdrink," sê die man.

Die kind hoes die water uit sy longe, en dit vat 'n hele ruk voordat hy tot verhaal kom. Dan slaan hy sy oë op. "Dankie . . . dankie tog," prewel hy.

'n Oomblik lank bind 'n glimlag hulle saam.

"Kom, laat ek jou huis toe vat," sê die man, en hy gaan eers sy klere optel terwyl die kind aan sy hand gewillig volg.

Net jammer, die naam van die dapper swemmer het in die vergetelheid verdwyn.

2. Die Boelie

Die klein Barry Hertzog wat later eerste minister van Suid-Afrika sou word, toon al sy staal toe sy ouers in 1872 uit die Boland na die diamantvelde by Kimberley verhuis.

Die groot seun wil eers spot en maak asof dit 'n grap is, maar die kleintjie se vuiste tref te sekuur, en dit maak seer. Met mening probeer hy die kleintjie nou van sy lyf af kry. Dit help nie. Die grote kan dit nie beryp nie, want vorige kere het hy sy teenstander nog elke slag disnis geslaan. Vandag is die vent egter skoon besete. Die boelie van die skool draai om en vlug.

Die skraal geboude klein Barry Hertzog tel sy boeksak op, en saam met sy broers en susters stap hy huis toe. Hulle praat nie veel nie, want hulle weet al klaar wat hul moeder gaan sê.

"Barry," vra die moeder dadelik toe hulle by die agterdeur van hul sink-en-houthuisie instap, "het jy vandag wéér baklei?"

"Ja, Moeder," antwoord Barry reguit.

"Dis nou al die derde dag ná mekaar dat jy so verrineweerd van die skool af kom. Wat is met jou aan die gang?"

"Dit was net drie maal, Moeder."

"Nét drie maal in drie dae!"

"Hy het moeilikheid gesoek, Moeder, maar die eerste dag was hy te sterk vir my. Gister het *ek* hom gepak, en hy het ook gewen."

"En vandag? Was dit ook hy wat geskoor het?"

"Nee, Moeder, dit was ek. Maar nou het hý weggehardloop."

Die moeder is nog nie tevrede nie. "Ek gaan nie toelaat dat julle hier op die delwerye verwilder nie," sê sy. "Onthou, dis 'n ordentlike huis waaruit julle kom, al is dit nou nie so spoggerig nie."

"Ja, Moeder."

Die moeder wil die klein Barry, en sommer al die ander kinders ook, nog verder kapittel, toe die vader tussenbeide kom.

"Mooi so, my seun!" sê hy laggend. "As 'n boelie nie wil hoor nie, moet hy voel. Dis al taal wat hy verstaan. Ek is trots op jou."

169

DIE SLAG BY DIE DRIF

Met hul heldhaftige verdediging van Rorkesdrif tydens die Zoeloe-oorlog
van 1879 het luitenant John Chard en nog tien van sy makkers die V.C. – die
Victoria Cross, die hoogste Britse militêre eerbewys vir dapperheid – verwerf.

In die stil oomblikke voor die aanval terwyl die Zoeloe-krygers om
die heuwelvoet stroom, oorweeg John Chard nie meer nie. Hy wag
net, geweer gereed, met gevelde bajonet. Wat daar gedoen kan
word, het hy gedoen. Nou, in hierdie ure van die laatmiddag en
die nag deur, moet hulle slag lewer. Luitenant Chard se oë dwaal
vlugtig oor die haastig saamgeflanste verdedigingslinies van sakke
mielies en voorraadkiste tussen die twee ou klipgeboue wat vroeër
'n sendingstasie was. Hulle is so weerloos en weinig teen die vyand
se oormag. Hier sal gesterf word, dit weet hy, maar hulle sal hul
lewe duur verkoop.

"Gereed, manne!" sê luitenant Chard rustig en kalm toe die
Zoeloes hul dringende oorlogskreet aanhef. Die eerste sarsie ruk

170

die weerklank wakker en trek lang geluide oor die veld. Toe breek die gevegsrumoer soos 'n hoë golf oor die ry verdedigers en vul die lug.

So iets het die Britte nooit verwag toe hulle enkele dae tevore uitgetrek het om die Zoeloe-koning Cetshwayo op sy plek te sit nie. Wie sal tog kan sê of Cetshwayo te astrant geword het, en of die Britse Hoë Kommissaris dalk te haastig was? Hy moet net sy plig doen. Die twee maal duisend en vyf honderd man het tot by Rorkesdrif aan die Buffelsrivier beweeg, wat die grens van Zoeloeland vorm. Hier is luitenant Chard met honderd en vier offisiere en soldate agtergelaat om die twee ponte te bewaak en ook terselfdertyd na 'n vyf en dertig gewondes uit 'n vroeë skermutseling om te sien terwyl die groot mag Zoeloeland binneval. Die een helfte het by Isandlwana, die Plek-van-die-Klein-Handjie, kamp opgeslaan; die ander kolonne ruk verder op. En vanoggend,

171

uit die bloute, het die Zoeloes oor die twaalf honderd geswerm en die Klein-Handjie in hul bloed gedoop sodat geeneen ontkom het nie. Nou het die roekeloosstes – teen die bevel van hul koning wat die gevegte nie na die blanke deel van Natal wil uitbrei nie – weggebreek na Rorkesdrif toe om die wagpos uit te wis en dieper die land in deur te dring.

Met hul aanvanklike aanslag vorder die Zoeloes tot op vyftig tree voordat hulle deur die standhoudende geweervuur gedwing word om die veiligheid van klippe en slote op te soek van waar hulle terugskiet. Keer op keer storm die swart krygers, en die verdedigers ly die eerste ongevalle: 'n soldaat in die kop getref, 'n offisier met 'n swaar skouerwond. 'n Verwoede stormloop na die hospitaalgebou word met die grootste moeite afgeslaan. Al die pasiënte wat nog 'n geweer kan hanteer, veg nou saam.

Die Zoeloes se getalle laat die toestand geleidelik versleg. Hulle breek die voordeur van die hospitaalgebou oop en dring die voorste siekesaal binne. Dit is bajonet teen assegaai, en die Zoeloes moet elke tree met hul bloed koop. Die verdedigers kan nie meer by die deur uit nie, en hulle is verplig om 'n gat agter in die muur te kap na die aangrensende vertrek toe, en so val hulle al vegtend van saal tot saal terug. Maar die Zoeloes neem ook hul tol. Twee swaar gewonde pasiënte wat nie self kan beweeg nie, word in hul beddens doodgesteek voor hulle uitgebring kan word – toe 'n derde. Twee van die verdedigers val.

Nou is hulle in die laaste vertrek. Die enigste uitvlug is deur 'n smal venster en agter die ry sakke langs, maar dit is direk onder skoot van die Zoeloes. Wanhopig wuif hulle om hulp.

Die hospitaalgeveg is maar één toneel in die drama. Daarbuite het die Zoeloes al lankal tot teen die tydelike skans aangedrom sodat die verdedigers uit die beskutting van die agterste klipgebou en 'n ry voorraadkiste omheen die geveg voortsit. Stormlope word met bajonette afgeslaan, en dan skiet, skiet, skiet hulle maar weer.

Die jong luitenant Chard beheer sy manskappe soos 'n veteraan. Dis asof daar 'n helderheid in hom gekom het waarvan hyself nog nooit bewus was nie sodat hy alles om hom in 'n oogwink opneem en blitsig reageer. Sonder huiwering gehoorsaam sy liggaam elke bevel van sy wil as hy op die gevaarlikste punte instorm om verligting te bring.

Dis hy wat eerste die noodtekens uit die hospitaalvenster gewaar. "Spervuur op die vyand regs!" beveel hy die halfdosyn soldate naaste aan hom, en self spring hy oop en bloot op die borswering van mieliesakke om te help. Die Zoeloe-skuts word gedwing om hul koppe weg te ruk of te sterwe, en in die tydelike verposing bring luitenant Chard en 'n paar makkers die verdedigers van die hospitaal en die gewondes veilig uit.

Dit het intussen donker geword, en die Zoeloes steek die dak van die hospitaalgebou aan die brand. Sorgeloos dans die vlamme tussen die droë riet en sputter rooi vonkstrepe soos verskietende vuurwerk teen die swart naghemel op. Maar onder oor die slagveld verlig dit 'n somberheid van dood en verwoesting. Die Zoeloes het swaar geboet, en plek-plek lê hul gesneuweldes borshoog opgehoop. Die brandende dak help die verdedigers om noukeuriger korrel te vat, en die ongevalle styg.

Teen tienuur flakker die vlamme uit, en onder dekking van die nuwe duisternis storm die Zoeloes met hernieude geweld.

"Op die borswering, manne!" beveel luitenant Chard, en weer is dit lem teen lem met bajonet en assegaai.

Hulle veg vertwyfeld, en blote uitputting wil hulle oorweldig, want dis nou agt uur lank dat hulle onafgebroke op lewe en dood stry.

Luitenant Chard is hier, daar en oral waar die gevaar die dringendste dreig. Hy kry 'n hou teen die voorkop, en bloed stroom oor sy gesig. Ook hierdie aanslag word afgeslaan.

"Hoe lank sal ons nog kan uithou?" sug 'n mede-offisier.

"Dis nou middernag, en ek weet nie of ons dagbreek haal nie," antwoord luitenant Chard grimmig. "Ons ammunisie word min."

Dit het onnatuurlik stil geraak. Die krygsrumoer het heeltemal gaan lê. Vir die eerste maal dring die getjirp van 'n kriekie deur, en die naglied van die paddas onder in die vlei.

Vir luitenant Chard is daar nie kans om te verslap nie. "Ek wonder wat daar nou weer broei," mompel hy. "Ons moet sorg dat hulle ons nie stilletjies oorval nie." Etlike kere kruip hy deur die duisternis tot binne enkele treë van die buitegebou af wat die Zoeloes beset het, om te probeer vasstel wat hul planne is. Hierdie wagtery is byna nog die ergste. Die gloed wat hom dwarsdeur die hitte van die geveg aangevuur het, sterf stadig weg, en hy swaai van uitputting op sy voete.

Die Zoeloes kom nie weer nie. Hulle het honderde gesneuweldes verloor, en hul blus is uit. Toe dit lig word, sien die verdedigers verbaas dat hul aanvallers verdwyn het. Net toe beweeg die voorpunt van 'n Britse afdeling om die heuwel. Dit is die kolonne wat dieper die land in geopereer en hulle dadelik teruggehaas het toe hulle die berig van die aanval gekry het. Die Zoeloes se brandwagte het hulle natuurlik gewaar, en dis dié dat hulle liewers geepad het.

Die Slag van Rorkesdrif is gewen. Luid juig die dapper groepie vegters. Luitenant Chard glimlag, en die gestolde bloed teen sy voorkop en wange verwring sy gesig sodat dit nes 'n grynsende mombakkies lyk, maar hy weet nie eens daarvan nie. Met onsekere treë stap hy nader, salueer en doen verslag aan sy bevelvoerder oor die nag se gebeure voordat hy hom eindelik kan gaan uitstrek en rus.

DIE VRAG VIR VRYHEID

Onder al die dapper vroue neem Hendrina Joubert, eggenote van die latere
kommandant-generaal Piet Joubert van Transvaal, 'n ereplek in.

Die geklop dreun deur die stilte van die voorkamer, dring tot in die
agterste vertrek en vul die hele huis. Dis asof alle ander geluide
verstom, en 'n lang oomblik is die hele lewe saamgetrek in 'n
gekromde kneukel wat driftig teen die hout van die voordeur hamer.
Dan sit die vrou die koppie wat sy aan 't afdroog was, beslis langs
die wasbalie neer, haak in die verbygaan 'n agterlaaier van die
geweerrak af en stap vorentoe. Haar opgeskote seun het in sy
kamerdeur verskyn.

Dis nag, en hulle twee is alleen op die plaas. Bang is sy nie, maar
'n mens moenie dwaas wees nie. "Wie is daar?" vra die vrou met 'n
vaste stem.

"Dis ek, Tante. Ek bring tyding," antwoord 'n jong man daarbuite,
en die vrou herken hom as een van die buurseuns. Sy sluit oop.

"Oom Piet is vanmiddag teen die late daar by ons verby,"
verduidelik die jong man vinnig, "en net daarna het ons 'n afdeling
Engelse soldate in die pad gewaar. Dit lyk amper asof hulle op sy
spoor is, en Pa het toe gesê dat ek vir Tannie-hulle moet kom
waarsku."

Terwyl hy praat, staan die vrou roerloos. Net haar oë vonkel.
"Dankie," sê sy. "Baie dankie. Ons sal werk maak."

Die jong man vertrek. Nou is die vrou baie bedrywig. Sy het klaar
besluit. "Boetie," sê sy vir haar seun terwyl sy met lang hale in die
rigting van die kombuis verdwyn, "gaan span in die wa. Ons twee
trek vannag nog met die gewere. Die Engelse mag hulle nie in die
hande kry nie. Ek sit solank vir ons padkos in."

Die vrou is Hendrina Joubert, eggenote van Piet Joubert, die
Transvaalse leier, en hierdie jaar 1879 is 'n tyd van spanning en
stryd. Twee jaar tevore het die Engelse die Republiek geannekseer.

Tevergeefs het Piet Joubert as lid van 'n driemanskap in Engeland vir die herstel van hul vryheid gaan pleit. Toe die onderhandelinge misluk, het hy iewers 'n paar kiste gewere te koop gekry en dit saam teruggebring Transvaal toe, waar hy dit op sy plaas kom versteek het sodat hulle voorbereid kan wees as daar geveg moet word, want baie van die burgers is ongewapen. Dis hierdie gewere wat Hendrina Joubert wil beskerm. Haar man is weg vir belangrike samesprekings oor nuwe optrede teen die Engelse.

Toe die osse klaar ingespan is, help Hendrina self om die kiste gewere van die solder af te bring en een vir een op die wa te laai.

"Waarheen gaan ons dan, Ma?" vra die seun.

"Vrystaat toe. Daar waai 'n vrye vlag," antwoord Hendrina . Die Oranje-Vrystaat is nog 'n republiek, en hier sal die gewere veilig wees.

"Vrystaat toe!" herhaal die seun ongelowig. "Maar dis byna 'n week se trek."

"Ons kan dit binne 'n dag of drie doen as ons aandruk," sê Hendrina.

Die sweep klap. Die lang tog vir vryheid het begin.

Drie dae lank por Hendrina haar seun en die osse ongenadiglik aan. Hulle moet wye ompaaie trek. Naby dorpe durf hulle dit nie waag nie, want daar is orals Engelse besettingsmagte.

Die seun wil soms ingee, maar die vrou is onverbiddelik. Dis asof haar land se hele toekoms van hierdie enkele daad afhang, en wie sal sê dat sy verkeerd is?

"As hulle ons met hierdie vrag gewere vang, Ma!" maak hy beswaar. "Dis hoogverraad."

"Kom ek om, so kom ek om," herhaal sy die ou Bybelwoord, en daarmee moet hy tevrede wees. Sy het nog nooit in haar lewe teruggedeins nie, en sy het geleer dat die geloof berge kan versit.

Skaars ses jaar oud was sy toe sy saam met haar oupa-hulle die Groot Trek Natal toe meegemaak het, want haar moeder is kort ná haar geboorte oorlede. Sy het die skriknagte van Bloukrans en Weenen oorleef toe die Zoeloe-impi's deur die slapende Trekker-laers gestroom het. Toe die Engelse hul vlag ook in hierdie nuwe land kom plant het, was sy weer met haar mense in die wapad, nou noordwaarts oor die Vaalrivier, waar hulle eindelik 'n tuiste gevind het. Maar die vryheid moet elke dag vertroetel en bevestig word, veral as jou land 'n nietige staatjie is. Kort ná haar troue word haar man opgekommandeer teen 'n opstandige inboorlingstam. Hendrina Joubert weet waar haar plig is, want daar is nie ambulanse en verpleegsters vir die gewondes nie. Sy trek saam, en haar eersteling word in die laer gebore. Met die vryheidsdeputasie van die Driemanskap Engeland toe laat sy haar man ook nie alleen nie. En nou is dit net sy en die seun.

Hulle kom by die Vaalrivier. Dis die grens. Maar die stroom loop

stil en diep, en onder by die drif het hulle lankal 'n Engelse patrollie gewaar wat die deurgang bewaak.

"En nou, Ma?" vra die seun moedeloos.

"Ons gaan deur," sê Hendrina . Sy trek haar swaar borok uit en haal haar kappie af. "Vat die tou!" beveel sy, en sy gaan self met die lang sweep op die voorste bok van die wa staan.

Die seun lei die osse teen die wal af. Die wa skommel en kraak agterna. Geleidelik styg die stroom teen die diere se bene op soos hulle dieper inbeweeg, en dit gorrel om hul lywe. Die wiele trap spatsels modder uit, en dan verdwyn die spoor onder die bruin wateroppervlakte. Hendrina praat sonder ophou met die diere. "Potberg, Landsberg, Ligman, Donkerberg . . .," rits sy die name van die span af.

Dan, met 'n ruk, gaan die wa staan. Die agterwiele het vasgeval.

"Kyk, Ma, die arme osse dryf al! Hulle kry nie meer grond onder hulle pote nie!" roep die seun van voor af.

"Dan klop ek hulle tot hulle weer grond kry!" roep Hendrina terug, en sy lê sweep in. Die voorslag fluit deur die lug en krul teen die beurende lywe.

Toe dit nog nie help nie, spring Hendrina met die handsambok in die water af. Dis asof sy met elke hou haar eie onversetlike wil op die diere probeer oordra. Die osse buk laag, hul pote trap wild en, wonder bo wonder, die wa begin weer beweeg.

"Kom nou, my natneuse! Vastrap, my swartneuse! Loop met hom! Loop met hom! L-oo-oo-p!" jubel Hendrina terwyl sy soos 'n besetene heen en weer waad om die osse aan te moedig.

Hulle kom veilig op die oorkantste wal aan. Die vrag gewere is gered.

'n Jaar later gebruik die Transvalers dit om hulle in die Eerste Vryheidsoorlog van Engelse oorheersing los te veg.

DIE LAASTE STORMLOOP

Die Tweede Vryheidsoorlog van 1899–1902 tussen Groot-Brittanje en die twee Boere-republieke van die Vrystaat en Transvaal sou een van die uitnemendste heldetye in ons geskiedenis word. Uit die veiligheid van sy studeerkamer kon 'n Engelse geskiedskrywer later taamlik kras oordeel oor die optrede van die Britse offisier kolonel O.C. Hannay, naamlik dat sy "desperate selfopoffering nie in ooreenstemming was met die gees van die opdrag wat aan hom uitgereik is nie". Maar die Afrikaanse digter N.P. van Wyk Louw het dit anders ingesien, en soos hy, in *Die Pluimsaad Waai Ver*, bring ons hulde aan hierdie dapper soldaat as 'n held.

Dae lank al druk die Engelse aanvoerder, lord Kitchener, meedoënloos die knyptang toe om die Boerekommando's van generaal Piet Cronjé, en eindelik het hy hulle vasgekeer by Paardeberg aan die Modderrivier. Maar ook sy eie mense ly. Veral die ruitery is swaar getref. 'n Offisier teken in sy dagboek aan: "'n Week gelede was ek in bevel van die beste berede regiment in die Britse Leër, en nou is dit totaal verinneweer." Nou dwing lord Kitchener om die Boerelaer stormenderhand te verower.

Kolonel Hannay van die berede afdeling staar ongelowig na die opdrag wat sy aanvoerder eiehandig neergeskryf en aan hom laat deurstuur het: "Dis tyd vir die laaste aanslag. Alle soldate is aangesê dat die laer tot elke prys ingeneem moet word. Jaag nader en vuur trompop as dit nodig is."

"Die man is 'n dwaas en 'n gek," mompel die kolonel terwyl hy die strokie papier verfrommel en in sy sak prop.

Dis drie-uur die middag en warm Februarie. Kolonel Hannay vee moeisaam oor sy voorkop en staar dan oor die rantjiesveld voor hom uit waar die Boere hulle verskans het. Hittegolwe dans teen die horison, maar hy merk dit nie. Vaagweg dring die geknetter van gebroke sarsies na links en regs tot hom deur.

Die kolonel is dodelik moeg. Lord Kitchener is 'n genadelose meester wat hom blykbaar nie aan die welsyn van sy eie mense steur nie, solank hy net die oorwinning kan behaal. Die afgelope twee dae het hulle feitlik geen rus gekry nie – en nou hierdie opdrag! Dis om sy manne oop en bloot die verderf in te lei.

"Dwaas! Dwaas! Dwaas!" mompel kolonel Hannay weer. Dan styg die bloed warm in sy kop op, sy oë vernou, sy lippe pers saam. Hy sal die bevel gehoorsaam, ja, want hy is die offisier, en hy durf nie weier nie. Maar die manne wie se lot hy in sy hande hou, sal hy nie so roekeloos verkwis soos die hoë bevelhebber dit wil hê nie.

Hy gaan baie sekuur te werk. Sy stafoffisiere, wat hom nooit in die steek sal laat nie en eerder saam met hom sal sterwe, stuur hy een en almal met kastig dringende boodskappe weg. Toe bestyg hy sy perd en ry 'n wye draai om sy manskappe totdat hy 'n vyftigtal bymekaar het.

"Kom," sê hy wrang, "ons gaan die Boerelaer inneem!"

Hulle begryp nie mooi wat hy bedoel nie. 'n Paar lag, want hulle meen dat dit 'n grap is, en hulle volg stadig op sy spoor terwyl hy aanry tot by die punt van die Engelse linie. Daar lê vyf honderd tree voor hom tussen vyand en vyand, hier en daar onderbreek deur 'n effense plooiing in die grond, maar origens haaikaal vlakte.

Daar lê vyf honderd tree tussen hom en die dood.

Kolonel Hannay kyk net één maal agtertoe. "Storm!" bulder hy die bevel, en sonder om hom daaraan te steur of iemand gehoorsaam, trek hy sy perd op 'n galop en bars deur. Die kolonel het die laaste sweempie tamheid van hom afgeskud, en hy sit fier en regop in die saal asof hy op parade gaan, want hy is 'n netjiese offisier, en dit is sy laaste rit.

Honderd tree, twee honderd tree ver bly 'n groepie van sy manne nog agter hom, maar dan verhewig die Boere se geweervuur, en hulle soek in 'n sloot skuiling. Kolonel Hannay is allenig oor, soos hy dit wou gehad het.

Drie honderd tree, teen die skotige opdraande na die voet van die rantjies toe. Die perdehoewe trommel die maat met egalige hale op die stil aarde uit. Oorhoofs en omheen sing die bui koeëls hul venynige lied.

Vriend en vyand volg verbaas die eensame ruiter se wilde jaagtog. Dat hy dit nog volhou, is 'n wonder. Hy word vir die eerste maal getref, 'n tweede en derde maal snel ná mekaar. Die kolonel slinger in die saal, maar nog huiwer hy nie.

Vinniger, vinniger!

Hy verbeel hom dit, maar in werklikheid is sy perd uitgeput en hy kan die pas nie meer volhou nie.

Vier honderd tree.

Vinniger, vinniger!

Sy perd strompel onder hom, en 'n hele handvol koeëls smyt die man teen die grond.

Miskien is dit sommer 'n wolhaarstorie wat onder die liggelowige soldate versprei het, of miskien steek daar tog waarheid in, maar daar word vertel dat kolonel Hannay met 'n glimlag op sy gesig gesterf het.

DIE BAASVERKENNER

"Dit was 'n waagstuk wat ek hom voorgestel het om te doen soos wat nie oortref sou word in ons ganse bloedige stryd nie," het generaal De Wet later omtrent die stuk verkennerswerk van Danie Theron gesê wat hy tussen 24 en 26 Februarie 1900 by Paardeberg onderneem het – net 'n week na kolonel Hannay se dood op 18 Februarie.

Generaal Christiaan de Wet, die vurige Vrystaatse aanvoerder, is bekommerd. Aanvanklik het die Boere die vyand swaar verliese toegedien en veral één "Swart Week" lank die magtige Britse leër laat steier. Maar nou, ná vyf maande in die veld, is die Engelse besig om met hul getalle-oorwig alle teenstand voor hulle weg te vee. Oral stoot die groot seekat sy voelers uit en wurg die Boere aan die keel. Hier by Paardeberg het hulle juis vir generaal Piet Cronjé met vier duisend burgers vasgekeer. As hulle moet swig, sal dit 'n verpletterende slag vir die Republieke wees. Generaal De Wet peins en oorweeg. Die strydmag móét ontset word, en hy het 'n plan om op twee punte 'n pad vir hulle oop te skiet. Maar dan is dit noodsaaklik dat die vasgekeerdes weet waar en wanneer dit sal gebeur. Dis sy grootste probleem: hoe om 'n boodskap deur die vaste kordon van Engelse te kry.

Die generaal tik nadenkend met sy handsambok teen sy rybroek. Hy hoor Danie Theron het gisternag van die Natalse front af in die laer aangekom – kaptein Danie Theron, en hy is glo 'n bobaasverkenner. Hier is geleentheid vir die jong Transvaler om te wys wat daar in hom steek. Generaal De Wet laat hom roep.

"Ek wil 'n mondelinge boodskap na general Cronjé deurstuur, Kaptein," sê die generaal. "Op skrif kan ek dit nie stel nie, want netnou val dit in Engelse hande. Sien jy kans om te probeer?"

"Ek sal gaan, Generaal," antwoord Danie Theron beslis.

"Jy besef natuurlik die gevare?"

"Dis my werk, Generaal. Ek is 'n verkenner."

Die generaal lê sy plan uit.

"Goed, Generaal."

Danie Theron ry saam met twee van sy manne tot op 'n veilige afstand van die Engelse linies om eers te verspied. Hy is hoof van die Wielryers-rapportgangerskorps, en hulle gebruik fietse waar en wanneer hulle kan omdat hulle op 'n goeie pad vinniger daarmee as te perd oor die weg kan kom. Die kaptein bekyk die Engelse afdelings totdat hy genoeg gesien het. Toe gee hy sy fiets aan sy twee manskappe af.

"Kry my môreaand of oormôre weer hier," sê hy.

"Ons sal so maak, Kaptein. Voorspoed!"

Die twee manne ry weg, en Danie Theron bly alleen agter. Nou wag hy vir die donker. Sy planne is agtermekaar. Hy wil vroegaand probeer deurkom, want dan sal die Engelse wagte nie so waaksaam wees soos in die stilte van die nanag nie.

Die son sak weg, en in die sterk skemerte beweeg Danie Theron behoedsaam nader aan die Engelse kampvure wat soos 'n veelogige monster om die vasgekeerde Boere opgekrul lê.

Hy is nog 'n paar honderd tree weg toe hy moet begin kruip, want dis oop wêreld dié, en die vyand kan hom maklik teen die ligter hemel gewaar. Doringbosse ruk aan sy hande en klere. Skerp klippe sny sy knieë oop. Hy is nou so naby die Engelse brandwagte dat hy hulle op en neer kan sien stap: geweer oor die skouer, twee-twee na mekaar toe, en dan maak hulle 'n regsomkeer en stap terug.

Die verkenner skuil agter 'n paar los rotsblokke weg om eers te oorweeg. Hy kan opspring en deurhardloop sodra die twee wagte hier voor hom op die verste punt van mekaar verwyderd is en maar net hoop dat hulle hom nie sal raakskiet nie. Die gevaar is egter dat hy dan die soldate verder weg in die hoofkamp op sy spoor sal sit. Of hy kan een van die wagte byloop sodra hy halfpad van sy maat af is . . .

Geruisloos skuif Danie Theron oor die grond tot binne 'n voet van die wagte se paadjie. Hy bly roerloos lê. Daar maak die twee Engelse die regsomkeer en stap weer weg van mekaar af. Die verskuilde verkenner hou elke beweging van die man dop wat nou feitlik reg op hom afpyl. Vyf tree. Vier. Drie. Twee. Een. Soos 'n skaduwee rys Danie Theron van die grond af op en hou sy rewolwer dreigend voor hom uit. Die Engelsman het verbaas vasgesteek. "As jy 'n geluid maak, is jy 'n lyk," fluister Danie Theron dringend in die wag se eie taal, want hy kan Engels soos 'n Brit praat. "Laat my deur na Cronjé se laer toe en jy sal niks oorkom nie."

Die wag aarsel en vervat sy geweer. Danie Theron stamp die rewolwer teen sy maag vas. "Stap aan en maak asof daar niks gebeur het nie," fluister hy weer. "Ek is haastig."

Dis vir die wag duidelik dat hy met 'n man te doen het wat nie sal huiwer om sy dreigement uit te voer nie. Sonder 'n woord begin hy weer met afgemete pas marsjeer – 'n bietjie haastiger as gewoonlik, want daar is verlore tyd om in te haal, en buitendien is dit beter om so gou as moontlik so ver as moontlik van hierdie plek af weg te kom.

Met lang hale verdwyn Danie Theron in die duisternis om dan weer op hande en knieë neer te val. Hy is deur die eerste versperring, maar dis nog glad nie veilig nie, want oral wemel dit van die Engelse met nog 'n ry wagte tien tree uitmekaar opgestel. Danie Theron kruip voort. Bloed sypel uit snye en skaafplekke. Sy broek is lankal flenters. Growwe sand en gruisklippies dring deur sy vel en bly daar kleef. Elke tree is pynlik.

Die maan kom op en sak weg. Die môrester verbleek. "Werda?" roep 'n stem, en Danie Theron weet dat hy tussen Boere is. Hy het generaal Cronjé se laer bereik.

"Kaptein Theron, met 'n boodskap vir julle generaal," antwoord hy.

Die brandwag kyk kopskuddend na die gehawende man. "Kom jy dáárdeur?" vra hy ongelowig en beduie in die rigting van die Engelse omsingelingsmag.

"Ja," sê Danie Theron.

"Nou wil jy meer," sê die Boer. "Stap maar, Kaptein. Jy sal die generaal daar agter rond kry."

"Hoe gaan dit hier?" vra Danie Theron uit.

Die man se gesig versomber. "Sleg," antwoord hy.

Soos die verkenner dieper tussen die vasgekeerde Boere inbeweeg, kan hy sien dat die brandwag nie oordryf het nie. Die Engelse bombardement het met die eerste lig hervat, en so ver as wat hy loop, runnik liddietbomme oorheen en skeur rou vore oop. Dis asof die aarde self verwond is en nog net wag op die genadehou. Dae lank aaneen bestryk die Engelse kanonne die Boerestellings onophoudelik, en al wat die verdedigers kan doen, is om so goed moontlik te skuil in gate en slote teen die walle van die rivier, want hul gewere kan die vyand nie bykom nie, en grofgeskut het hulle lankal nie meer nie. En dan is daar nog die skerpskutters wat nader sluip en van agter die veiligheid van rots en klip 'n moordende vuur volhou op al wat in die kamp beweeg. Oral lê karkasse van perde en trekvee in 'n harwar rond, party reeds halfpad ontbind, en vul die lug met 'n reuk van die dood. Hopies swart verkoolde hout en verwronge yster wys waar eenmaal waens gestaan het. Vir die vier duisend burgers, afgesien van die vroue en kinders, is daar skaars 'n honderd rydiere oor. Kos het hulle haas nie meer nie. Sowat vyf en twintig het reeds gesneuwel, en vyftig is gewond, maar ook hulle is besig om weg te kwyn weens gebrek aan medisyne en die nodige sorg.

Generaal Cronjé verkeer nog in goeie gesondheid, en hy is dadelik vuur en vlam toe Danie Theron sy boodskap afgee.

"Gaan rus jy solank 'n bietjie," sê hy. "Ek moet net eers met my krygsraad daaroor gesels."

Dis 'n groot teleurstelling vir die verkenner toe hy weer die middag by die generaal kom en hoor dat die krygsraad die plan feitlik eenparig afgestem het. "Maar ék gaan uitbreek," hou generaal Cronjé beslis vol. "Sommer vannag nog!"

Danie Theron en 'n paar ander man, wat die rampspoedige gevolge van 'n oorgawe besef, stap in die laer rond om die burgers moed in te praat. "Julle sal ons saak 'n knou gee," pleit Danie.

"Ek het self al genoeg knoue weg," antwoord 'n burger onverskillig. "As ek by dié gat uitkruip wat ek hier in die rivierwal gegrawe het, gaan ek oorgee, en dis al. Ou Cronjé kan maar probeer wegkom as hy lus het. Ek keer hom nie." En so praat die meeste ander.

'n Tweede vergadering van die krygsraad weier nog steeds, maar generaal Cronjé hou voet by stuk. Toe begin dit reën, en die rivier kom so sterk af dat hulle nie meer kan deurwaad nie en 'n tydelike pontbrug sal moet bou. Hulle kry dit nie voor donker klaar nie, en die uitval moet tot die volgende nag uitgestel word.

"Nee, hier bly ek nie langer nie," sê Danie Theron. "Netnou kry die Engelse my ook in die hande."

So geruisloos as wat hy gekom het, verdwyn hy weer in die duisternis en bereik veiligheid.

"Knap gedaan!" prys generaal De Wet hom, maar hy frons toe Danie Theron hom die hele verhaal vertel. "As jou moeite op die ou end tog net nie vergeefs was nie!" sug die generaal.

Dis Maandagoggend. Vrydag stuur kaptein Theron 'n telegram aan president Kruger: "Ene Barend Venter en sy seun Roelof Venter van die wyk Middel-Modderrivier, distrik Bloemfontein, wat tussen die Engelse deurgekruip het, het pas hier by ons aangekom met die berig dat generaal Cronjé en sy hele laer Dinsdagoggend om sesuur oorgegee het."

JAPIE GREYLING

Dit was in April 1901 toe die jonge Japie Greyling op sy vader se plaas Smaldeel in die Vrystaatse distrik Hoopstad teen die Britse kaptein Jack Seeley te staan gekom het. Op daardie dag het Japie vir hom onsterflike roem as kinderheld verwerf.

Dat die kind dit nou moes gedoen het, die klein Japie – en hy nog nie elf jaar oud nie! Om 'n vuurpeloton te daag, sit nie in elkeen se murg nie. Dis die oorlog wat seuns al manne maak as hulle nog albaster moes gespeel het. Pa Greyling en sy twee oudstes is saam met die Vrystaatse magte op kommando. Nou is Japie en sy tweelingbroertjie, afgesien van die meisiekinders, hul ma se stut en steun op die plaas.

Dié April-nag het daar weer 'n klompie burgers op Smaldeel geslaap, maar vanoggend vroeg moes hulle laat spat toe hulle 'n afdeling Engelse soldate in aantog gewaar. Daar is bange oomblikke terwyl dit lyk asof die Engelse die Boere inhaal, maar dan swaai die burgers in 'n ruie klofie op en verdwyn.

"Ha! Lekker gefop!" lag Japie waar hy die spulletjie van agter die

huis af staan en dophou, en hy loop die kombuis in om vir sy ma koffiewater te gaan opsit.

Nie te lank nie of perdepote klap weer voor die deur. Japie loer buitentoe. Ja, dis die Engelse. Sjoe, maar daardie voorman van hulle lyk boos. Hy is natuurlik vies omdat die Boere hom so maklik uitoorlê het. Japie Greyling lag weer, maar stilletjies.

Die Engelse kaptein stap met lang hale nader. Alles loop vanoggend skeef, en sy geduld is net mooi op. Hy wéét dat hier 'n Boere-kommando in die omgewing optree, en hy wil hulle hê. Die kaptein kyk die seuntjie aan en glimlag. Dit sal seker nie moeilik gaan om die inligting uit hóm te kry nie. Hy wink sy tolk nader en beveel: "Vra vir die kind waarheen die Boere is wat nou net hier weggery het."

"Na hulle kommando toe," antwoord Japie pront.

Die kaptein se gesig verdonker. "Dit weet ek ook!" sê hy bars. "Maar wáár is die kommando?"

Japie kyk die kaptein reg in die oë. "Dit sal ek nie sê nie," antwoord hy.

"Haantjie, né?" mompel kaptein Seely. "Ek sal gou-gou sy stertvere vir hom pluk!"

Sy groot hand sluit om die seun se skouer en sleep hom oor die werf. In 'n smal strokie muur tussen die twee deure van 'n buitegebou stamp hy die kind se skraal lyf vas.

"Waar is die Boere?" vra hy. G'n tolk is meer nodig nie. Die seun weet wat die Engelsman wil hê. En die kaptein? Miskien verwag hy reeds die antwoord.

"Ek sal nie sê nie!"

Kaptein Seely bulder 'n bevel, en die sersant dra dit aan sy manskappe oor. Ses tree aan, sak knie op die grond neer, gewere oorgehaal, vingers op die snellers gereed. By die seun kan daar g'n twyfel wees oor die Engelse se bedoelings nie. 'n Vrouestem begin kermend in die kombuis te huil. Iewers voor die deur proes 'n perd en trap dan ongeduldig grond. Verder is dit stil.

"Waar is die Boere?" kom die vraag weer, en die seun weet dis die laaste keer.

Tog bly staar hy veragtend na die koel donker bekke op sy bors gerig. Sy mond is effe oop soos iemand wat sy hande na 'n prys uitsteek.

"Ek sal nie sê nie!" antwoord Japie.

'n Oomblik lank stol die toneel: die Boerseun, die Engelse offisier, en die wagtende gewere.

Dan wuif die kaptein vir sy manne om hul wapens te laat sak en stap na Japie toe. "Jy is 'n dapper seun," sê hy terwyl hy sy hand vasgryp. "Ek hoop dat ek jou weer eendag sal ontmoet!"

Die Engelse klim op hul perde en ry weg, en die moeder storm by die deur uit om haar seun teen haar vas te druk. Maar Japie woel hom los, en hy kyk die Engelse stil agterna met 'n trek van teleurstelling op sy gesig soos wanneer 'n kind iets moois beloof is en dit toe nie gekry het nie.

RUITER

Dié verhaal van Ruiter, die bruinman wie se hulp en bystand soveel vir president Steyn beteken het, het tereg een van die bekendste episodes uit die Anglo-Boereoorlog geword – 'n mooi voorbeeld van heldhaftige trou onder die moeilikste omstandighede.

Die klein Vrystaatse dorpie Reitz is op hierdie koue Julie-aand van die jaar 1901 die hart van die Vrystaatse Republiek en sy vryheidstryd teen die Engelse invallers. Dis president M.T. Steyn self wat hier oornag, en saam met hom 'n groot deel van sy persoonlike gevolg. Daar is twee generaals, drie sekretarisse, ander lede van die krygskommissie, die kommandant van sy wag, burgers – en Ruiter, die president se kok en hulp. Die meeste van die burgers is boorlinge van die distrik Reitz, en daarom gaan hulle sommer in hul kerkhuise tuis, maar die president het vir hom in die een voortuin 'n tent laat opslaan. Daar slaap hy saam met drie metgeselle. 'n Entjie weg rus die kommandant en een van sy makkers onder 'n kar. In die huis agter die president se tent het die drie sekretarisse hulle ingerig.

Twee-uur die oggend. Ouder gewoonte gooi president Steyn die komberse van hom af om by die tentopening in die sterverligte nag uit te tuur of dit nog veilig is. Die lug byt. Hy ril. Alles lyk egter vredig en kalm, en hy gaan weer inkruip. Buite hoor hy Ruiter ook al roer om 'n vuurtjie vir koffiewater aan te slaan, hoewel dit nog nie eens lig is nie.

Die vlammetjie spring in die bondel droë gras op en vreet met 'n vaart deur die fyngoed, om dan rustiger aan die dikhout te lek tot dit dáár ook vatplek kry. Ruiter strek sy hande koulik uit en sprei sy vingers dat die hitte kan inkruip. Die hoeveelste dag is dit nie al wat hy so binnegaan nie? Tog kla hy nie. Die oorlog het deel van sy lewe geword.

Skielik is daar 'n gedruis en getrappel van pote in die duisternis. Ruiter kyk op, maar sy oë is dom van die vuurgloed, en hy kan niks beken nie. Seker maar die osse in die paalkraal daar oorkant. Nee, dit kan tog nie wees nie. Hierdie lawaai wil dan nie weer bedaar nie.

Met elke sintuig gespanne spring Ruiter agteruit en buk laag om beelde teen die helderder naghemel te onderskei. Nou sien hy. Dis perderuiters, 'n hele string, en hy weet sommer dat dit net Engelse kan wees. Die president! Hy storm na die tent toe en skree by die deuropening in: "President! Die Engelse is op ons!"

Die president is dadelik uit, en net so in sy naghemp volg hy Ruiter, want daar is nie tyd te verspil nie. Daar kom die Engelse, skaars drie, vier honderd tree weg.

"My perd?" vra die president dringend.

"Daar agter die huis in die stal, President," antwoord Ruiter.

Hulle hardloop soontoe. Die voordag is nou gevul met verwarde geluide van hoewegedonder en roepende stemme, met hier en daar 'n los skoot tussenin. President Steyn stuur 'n boodskapper terug om sy saal en rewolwer in die tent te gaan haal, maar hy loop hom teen die Engelse vas.

Die president en Ruiter is in die stal. 'n Burger kom om die hoek, en toe hy die president se verleentheid sien, staan hy sy saal aan hom af. Ruiter ry bloots. Die president is 'n groot man, en die burger se stiebeuels is glad te hoog opgetrek, maar daar is nie nou kans om dit reg te stel nie.

"Kom," sê die president. "Ons jaag hier in die laagte op by die dorp uit."

"Nee," keer Ruiter hom, en vir die tweede maal red hy die president, "dis vol Engelse daardie kant toe, President. Ons sal 'n ander pad moet vat."

"Dan steek ons reg oor die bult," sê president Steyn.

"Halt!" Hulle swaai hul perde om net toe 'n stem hier digby hulle roep. Dis al helder lig, hoewel die son nog agter die rantjies lê.

Die president kap sy perd in die sye, en die gewillige dier beur vorentoe. 'n Skoot klap. Die harde slag vang Ruiter onverhoeds, en toe sy perd spring, dop hy van sy rug af, maar die president jaag vry voort.

Die Engelsman kom dreigend nader. "Wie ry daar?" wil hy van Ruiter weet. Volgens berigte wat hulle ontvang het, sou president Steyn die nag op Reitz deurgebring het, en dis vir hóm wat hulle soek.

Ruiter bly by sy positiewe. Hy besef dat dit hierdie derde slag nie so maklik sal gaan om die president te beskerm nie, maar hy moet probeer. "Ag," sê hy terwyl hy die stof kastig ongeërg van sy broek afslaan, "dis sommer 'n ou Boer."

'n Lang telling wag hy in spanning, hoewel hy dit nie mag wys nie, maar toe die Engelsman weer praat, weet hy dat hy voorlopig geslaag het. "Waar is die president dan?" wil die Engelse offisier weet. Hy wat Ruiter is, moet die speletjie nou net so lank as moontlik uitrek om die president 'n goeie voorsprong te gee.

"Hy het in sy tent geslaap," antwoord hy onskuldig.

"Kom wys my."

"Goed, Meneer."

Ruiter slaan sommer 'n koers in, en die Engelsman bly op sy hakke. Hulle swenk links en regs en weer links. Met 'n yslike boog lei Ruiter die offisier deur die dorp totdat hulle eindelik voor die president se tent staan waar die lede van sy gevolg reeds aangehou word.

"Hierso," sê Ruiter. "Hy moet hier wees."

Die Engelsman stap binne, maar daar is g'n spoor van president Steyn nie. Hy is veilig.

Die Engelse is haastig om met hul vername gevangenes weg te kom, en in die verwarring bly Ruiter vergete. Binne enkele dae pak hy al weer 'n vuurtjie vir die president aan asof daar niks gebeur het nie.

DIE OU MAN EN DIE MEISIE

Weg van die slagveld met sy gedonder van kanonne en kleingeweervuur het ook ander verhale van 'n stiller soort moed, maar daarom nie minder aangrypend nie, hulle afgespeel. Daar is byvoorbeeld die geval van die jong meisie waarvan generaal Hertzog in sy oorlognotas melding maak. Sy word net as "mejuffrou Greef" aangedui, maar ons sal haar Sannie noem.

Dis Februarie-maand 1902. Die oorlog draal nou al in sy derde jaar, maar die Boere wil nog nie kopgee teen die oormag nie. O, die dood en verwoesting, en niemand is één dag sy lewe seker nie.

Hulle is eintlik gelukkig, die groepie daar bo naby Parys aan die Vaalrivier, dat hulle nog nie in die hande van die Engelse geval het en na die een of ander kamp weggevoer is nie. Maar dis 'n harde bestaan, veral vir die meisie wat vir almal moet sorg, want die drie vroue en die drie mans het te oud geword om hulself te help, en die vier kinders is nog te klein om iets te doen.

Van ligdag soggens tot donkeraand is Sannie Greef aan die gang, en dan is daar nog die nagte wat sy by 'n sieke moet waak. Bedags gaan sy uit om veldkosse te versamel, sy vang vis in die rivier met 'n handlyn en stel wippe vir hase en kleinwild. Sy kook en was en stryk en hou hul hartbeeshuisie van riet en klei so netjies aan die kant asof dit 'n herewoning is. En gedurig moet sy op die uitkyk wees vir Engelse patrollies sodat hulle tussen die bome in kan vlug en wag en bid.

"Sannie, kom tog hier!" roep een ou vrou wat nie meer haar rok kan vaskry nie.

"Sannie! Sannie!" huil 'n kind wat sy toon nerfaf gestamp het.

Sannie help en troos en versorg so goed as wat sy kan, en sy kla nie. Die wil om nie te wyk en die vyand sy sin te gee nie, hou haar aan die gang. Die enigste afleiding is wanneer 'n klompie Boere daar kom oorbly en miskien 'n bietjie kos afstaan wat hulle by die vyand gebuit het. Dan word dit 'n feesmaal, en hulle praat die nag klein oor die ellendes van die oorlog, maar veral oor die hoop, en die veldslae wat gewen word, en die vryheid van die twee Republieke wat nie verlore mag gaan nie. As daar mense is wat kleinmoedig word, noem Sannie nie haar eie durf en daad nie, maar vertel sy graag van oom Hendrik Barnard, tagtig jaar oud, wat laer af langs die rivier woon.

"Die Engelse het hom onverhoeds betrap, en al genade was om sommer reg rivier in te vlug," verduidelik Sannie, en haar oë is baie helder. "Daar het hy in 'n diep poel tussen die riete gaan skuil, maar die stuk wêreld was vir die Engelse tog te lekker, en hulle wou nie weer weggaan nie. Twee dae en twee nagte lank het oom Hendrik so gesit, en as die Engelse nader kom, sak hy weg tot net sy neus bokant die water uitsteek. Die ergste was nog toe die Engelse op die wildeganse begin skiet wat in oom Hendrik se einste rietbos geboer het. Die ou oom sê dat hy die voëls maar taamlik gou daar uitgewoel het terwyl die koeëls hier ongemaklik naby hom water skop. En wat het oom Hendrik van sy avontuur oorgehou? Net 'n stywe nek – en ek het dit self weer reggedokter!"

Toe word die een ou man siek. "Kindjie," sê hy die oggend vir Sannie, "ek voel nie te lekker nie. Miskien moet ek maar liewers vandag in die bed bly."

"Goed, Oom," sê Sannie, en sy trek die velkombers gemakliker oor sy knopperige skouers op. Daardie aand is hy ylend. Twee nagte en nog 'n dag lank klou hy met taaie volharding aan die lewe, maar die koors doen sy verwoestingswerk, en teen die derde dagbreek sterwe hy in Sannie se arms.

Dis 'n groot droefheid in die hartbeeshuisie, want hulle het lief vir mekaar geword in al die dik en dun wat hulle deurgestaan het. Ná die eerste hartseer kom egter die nugterheid.

"Hy moet begrawe word soos dit 'n Christenmens betaam," sê

die een ou vrou, en die ander beaam. Maar hoe? Hulle kyk na mekaar. G'neen van die oumense of die kinders het die krag om 'n graaf te hanteer nie.

"Ek sal dit doen," sê Sannie.

Die oudste vrou skud net haar kop. "Arme kind," sug sy, want sy weet dat dit nie anders kan nie.

Sannie gaan soek kort agter die huis 'n geskikte gelyktetjie uit, en sy begin grawe. Sy is fyn gebou, maar taai en gehard, en sy vorder bestendig. Sy werk dwarsdeur die dag, met net 'n onderbreking wanneer sy by die ete gaan help. Sy werk terwyl die trane haar oë verblind wanneer sy daaraan dink dat sy hier besig is om 'n gat te maak waarin sy haar ou-oom moet wegbêre. Teen die laatmiddag is sy klaar.

Die oumense het reeds die lyk uitgelê en in 'n laken toegedraai, want 'n kis is daar nie. Almal het hul beste klere aan, al is dit hoe dik gelap en gestop, uit respek vir die dooie. Ook die kinders is silwerskoon gewas. Sannie gaan haarself eers 'n bietjie regmaak. Nou kan die plegtigheid begin. Sy tel die wit bondel in haar arms op en lê dit versigtig in die gat neer. Die gestorwene is al so oud en uitgeteer dat hy skaars meer as 'n kind weeg.

Een van die ou mans lees 'n gepaste hoofstuk uit die Bybel voor. Dit gaan sukkelend, want sy oë is nie meer so goed nie, en kort-kort verloor hy die plek. Die ander oue doen 'n gebed. Dan sing almal saam:

> "Als wij de doodsvallei betreên,
>   Laat ons elk aardsche vriend alleen;
>   Maar Hij de beste vriend in nood,
>   Verzelt ons over graf en dood."

Die oudste prewel: "Stof tot stof," en gooi 'n handvol sand oor die wit linne uit. Toe stap hulle stadig by die huis in terwyl die meisie die graf toegooi.

SKRIK UIT DIE LUG

Kaptein A.W. Beauchamp-Proctor, Suid-Afrika se mees vereerde held uit die Eerste Wêreldoorlog van 1914–18, is op 4 September 1894 op Mosselbaai uit 'n ou Suid-Afrikaanse geslag gebore. Hoewel Proctor eers in Mei 1917 sy vleuels as vlieënier van die Britse Lugmag (destyds die Royal Flying Corps) ontvang en teen die einde van die jaar aan gevegte begin deelneem, het hy voor die beëindiging van die vyandelikhede op 11 November 1918 – 'n skrale jaar later – die volgende Britse militêre toekennings verwerf: die D.F.C. (Distinguished Flying Cross), die M.C. (Military Cross) met balkie, die D.S.O. (Distinguished Service Order), en die V.C. (Victoria Cross). Proctor was die enigste Suid-Afrikaanse vlieënier aan wie die V.C. tydens die Eerste Wêreldoorlog toegeken is.

8 Augustus 1918. Die laaste Geallieerde offensief van die Groot Oorlog begin. Oor die ganse lengte van die Franse front donder die kanonne, en pantsereenhede ratel verby. Dan duik die voetsoldate skielik uit die newels op en storm verwoed op die Duitsers af.

Toe die mis eindelik lig, verskyn een duisend agt honderd vliegtuie bokant die slagveld, onder hulle Eskader 84 van die Britse Lugmag met 'n Suid-Afrikaner in sy geledere: waarnemende kaptein Andrew Proctor. Hy is maar vyf voet twee duim (1,55 m) lank, en die stuurstok en sitplek van sy jagvliegtuig moes spesiaal vir hom aangepas word, of anders kan hy nie bykom nie. Om op te styg of te land val hom moeilik omdat hy skaars sestig, sewentig tree voor hom kan sien. 'n Paar maande tevore het hy hom juis met die inkomslag misreken en sy vliegtuig neus in die grond laat vassteek. Gelukkig was hy self ongedeerd.

Maar bo in die lug is hy die skrik van sy vyande. Daar voel hy altyd goed, hoewel hy nooit heeltemal ontspan nie. Sommiges sal miskien sê dat hy homself wil laat geld om vir sy klein postuur te vergoed, maar dis nie al nie. Hy is een van daardie mense met 'n vlam in die hart. Elke dag móét dit beter, of minstens nie swakker as die vorige nie.

Vanoggend, op die dag van die groot aanslag, soek Proccy "werk".

Hy sien die Duitse magte in wanorde terugval, duik op hulle af en trek sy masjiengewere oop. Met ligte bomme saai hy verwoesting onder die voorraadkolonnes. So hou dit tot donker aan. Hy land net vir brandstof, en dan is hy weer in die lug.

Wanneer hy die klein eiertjies van verderf tussen sy vyande lê, is hy koel en afgetrokke. Dis sy plig – dis húlle of hy. Eers later kom die opwinding en die traak-my-nie-agtige trots as sy makkers in die

menasie verwys na nog 'n slag wat hy geslaan het:

Twaalf vliegtuie afgeskiet.

Vier ballonne verwoes.

Nog twaalf vliegtuie buite beheer laat neertol.

Agt en twintig oorwinnings binne sewe maande, afgesien van dosyne aanvalle op Duitse grondmagte. Nie sleg nie!

Net snags, in die allenigheid, skrik hy soms met 'n ruk wakker en verwens hy almal en alles wat hom die Dood se handlanger gemaak het . . .

Die volgende dag duur die Geallieerde opmars voort. Die weerstand van die Duitse Lugmag is feitlik heeltemal gebreek, en hul verkenningsvliegtuie kan dit nie naby die Geallieerde stellings waag nie. Nou stuur hulle dosyne van hul ballonne op: gevul met waterstof, geanker aan die grond, met 'n uitkyker in 'n mandjie onderaan om die slagveld te bespied en per telefoon vir die artilleriste aanduidings te gee waar hulle moet skiet.

Eskader 84 kry opdrag om die ballonne aan te val.

"Julle ken mos die tegniek, kêrels," sê Proccy vir sy manne.

"Ja-a-a!"

"Nou, kom dan!"

Ballonne afskiet is 'n gevaarlike onderneming. Die ballonne word met masjiengewere en lugafweervuur verdedig; boonop is waterstof uiters vlambaar, en wanneer die gas ontplof, kan die vlieënier maklik ook in die slag bly. Daarom lei Proccy sy eskader op boomtophoogte na die ballonne toe.

Reg onder die ballon in. Trek die vliegtuig se neus agteroor sodat hy byna loodreg klim. Skiet die uitkyker in die mandjie met jou trillende masjiengeweer plat en volg dit op met 'n sarsie van die spesiaal ontwerpte gloeikoeëls wat deur die ballonwand skeur en die gas aan die brand steek. Swenk vinnig en sekuur.

Toe die ballon met 'n bliksemflits en 'n knal uiteenskeur en neerstort, is Proccy reeds veilig.

Die afdeling verwoes nege ballonne, en dis Proccy wat eiehandig met twee klaarspeel. 'n Week of twee later hou hy 'n "ballonfees" en stel op één dag sewe buite aksie.

Op 4 September 1918 word hy vier en twintig jaar oud. Reeds vroegdag is Proccy saam met 'n groep jagvliegtuie in die lug. Hulle soek ballonne, maar daar is niks nie. Skielik begin 'n lugafweerkanon op hulle vuur. Die jagters, met Proccy in die bondel, skeer laag oorheen en trek hul masjiengewere oop. Toe hulle die vierde maal gaan draai, is die kanon stil.

Hulle soek verder, en Proccy gewaar 'n Duitse hinderlaag. By 'n nou klofie wag hulle die oprukkende Geallieerde voetsoldate in. Dit kan 'n slagting afgee. Sonder aarseling duik Proccy op die masjiengeweernes af, en hy rus nie voor die laaste skutter uitgewis is nie. Nog dertig van die vyand wat in 'n loopgraaf skuil, word deur die skrik uit die lug tot oorgawe gedwing.

"Goed verjaardag gevier, Proccy!" prys 'n mede-offisier toe hy land.

"Ja," antwoord Proccy sonder om daarop uit te brei. Uiterlik sal hy dit nie wys nie, en hy stap regop en afgemete soos altyd, maar hy is moeg. G'n jagvlieënier kan die spanning onbepaald verduur nie. 'n Paar maande tevore wou hulle hom al met verlof weggestuur het, maar hy het botweg geweier. Net hy self weet egter van die tamheid diep hier binnekant wat hy glad nie van hom kan afskud nie.

Dit word Oktober. Proccy se ongelooflike lys oorwinnings rek al langer.

1 Oktober – Val met sy eskader oormag van agt en twintig Duitse jagters aan. Skiet persoonlik een af en laat tweede buite beheer neertol.

2 Oktober – Skiet ballon neer.

3 Oktober – Duitse jagvliegtuig en ballon.

5 Oktober – Ballon.

8 Oktober – Duitse verkenningsvliegtuig . . .

Skielik, uit die niet, slaan agt Duitse jagters toe. Proccy is dadelik gereed vir die uitdaging. Hy duik onder die vyand in. Een van die groot swart kruise wat op die rompe van die Duitse vliegtuie geverf is, skuif voor die visier in. Sy vinger is al op die sneller om die ligspoorkoeëls in sy teenstander te pomp, toe Duitse koeëls hom in die skouer tref. Verder veg kan hy nie. Al wat hy nou moet probeer, is om onder die bekke van die masjiengewere uit te kom, of anders is dit verby.

Hy stoot aan die stuurstok. Sy vliegtuig val soos 'n klip tussen die ander vegters uit en tol in 'n lang kurktrekker grond toe. Net voor hy die aarde tref, trek hy die vliegtuig se neus op. Moeisaam draai hy hom in sy sitplek om en kyk of hy nie dalk agtervolg word nie. Ja, hier is 'n Duitse jagter byna op hom. Proccy byt op sy tande en dwing die pyn na die agtergrond van sy gedagtes. "Hy sal my nie kry nie!" sê hy by homself met daardie wil wat hom 'n baasvlieënier gemaak het. Nou is hy en sy vliegtuig weer een, klim en swenk en val tot die Duitser afgeskud is. Dan vlieg Proccy terug na sy basis, maar hy weet dat die oorlog vir hom verby is. Hy lê nog in die hospitaal toe 'n wapenstilstand op 11 November 1918 onderteken word.

By al die toekennings wat hy reeds ontvang het, val die grootste eer hom nou te beurt: die Victoria Cross vir buitengewone dapperheid.

"Hierdie offisier," lui die verklaring, "het altesame vier en vyftig oorwinnings in die lug behaal. Hy het twee en twintig vliegtuie en sestien ballonne verwoes, en ook nog sestien vliegtuie buite beheer neergeskiet. Kaptein Proctor se aanvalle op vyandelike soldate en sy lugverkenningswerk . . . was skitterend. Sy optrede het so 'n indruk gemaak op almal wat met hom in aanraking gekom het, dat sy invloed nie lig vergeet sal word nie."

SALUUT, GENERAAL!

Daniël Hermanus Pienaar is op 27 Augustus 1893 op die plaas Bosduivenkop, distrik Ladybrand, in die destydse Republiek van die Oranje-Vrystaat gebore as tweede jongste seun uit 'n gesin van nege: sewe broers en twee susters. Later verhuis die Pienaars na die distrik Marthinus Wesselstroom (vandag Wakkerstroom) in Transvaal. Tydens die Anglo-Boereoorlog gaan die vader en oudste seuns op kommando, en die moeder en die jongste kinders, waaronder die klein Danie, beland in 'n konsentrasiekamp. Ná die oorlog, op tienjarige leeftyd, ontvang Danie sy eerste skoolonderrig. Hy sluit in 1912 by die Staande Mag aan en word as artilleris opgelei. Tydens die Eerste Wêreldoorlog doen hy diens in Duitswes (later Suidwes-Afrika of Namibië), Oos-Afrika, Egipte, Palestina en Sirië. Van 1918–1939 sit hy sy loopbaan in die Leër voort, klim tot die rang van kolonel en dien as, bevelhebber van verskeie kommandemente. In 1940, ná die uitbreek van die Tweede Wêreldoorlog, vertrek hy as aanvoerder van die Eerste Suid-Afrikaanse Infanteriebrigade na die front in Oos-Afrika en word tot brigadier bevorder.

Egipte
Desember 1942

Liefste Vrou,

Dankie vir die brief wat ek ontvang het. Ek is bly om te hoor dat dit nog met jou goed gaan. Behalwe dat oorlog seker nooit lekker kan wees nie, het ek ook nie juis iets om oor te kla nie. Ek is fiks en gesond en ongedeerd, en dit sê baie, of hoe? Een van die dae is ek by die huis, en dan kan ons verder gesels.

Verskoon tog dat ek vanaand so rondval en dit lyk asof ek nie woorde kan kry nie.

"Ons Danie" is dood. Begryp jy? Ons Danie, ons vriend, ons generaal.

Waar begin mens as jy van so 'n man wil vertel? Hy was dapper; hy was sag én streng – wanneer dit moes; hy was nederig en bereid om die minste te wees, en tog 'n gebore leier. Hoe het daardie een koerantman nou weer gesê? "Hy was 'n generaal onder mense en 'n mens onder generaals."

Sy beeld bly by my terwyl ek hier sit en skryf: die skraal postuur,

die ylerige, kortgeknipte blonde hare, die songebruinde gesig, die lagkreukels om die mond – en die oë, helder en deurdringend. In hoeveel gedaantes het ek hom nie gesien nie: ongeskeer en bemodder of vaal van die stof in sy ou hemp en kortbroek die dae en nagte op die aanval, of dan weer slank en netjies met die rooi generaalsband om die pet.

Hy was soos een van die ou Boeregeneraals van weleer wat in 'n moderne oorlog ingedwaal het. Saam met ons het hy swaargekry, saam met ons sy kos en waterrantsoen gaan haal. Daar was seker nog min aanvoerders in die geskiedenis wat so eenvoudig soos hy op die slagveld geleef het.

Ons het hom blindelings vertrou – en hy was dit waardig. As hy sê: "Gaan!" het ons gegaan, en altyd het hy geweet waarvan hy praat. Hy was een van ons en nooit te belangrik om die eenvoudigste soldaat se hart te verstaan nie. In Oos-Afrika het hy myle te voet in die berge rondgeklouter om seker te maak dat hy nie dalk te veel van sy manne verwag nie. In die Westelike Woestyn het hy dikwels teen die aand na een of ander groepie soldate toe oorgestap, en as hulle op aandag spring, hulle weer op hul gemak gewuif: "Los dit nou maar, manne. Ons is almal moeg. Laat ons liewers 'n bietjie lekker sit en gesels." Die besonder lae ongevalle onder ons Suid-Afrikaners was net aan hom te danke. "'n Mens wil eerder vir jou land leef as om vir hom te sterf," het ek hom soveel male hoor sê.

Hy kon vinnig opvlam as iemand iewers verbrou het, maar altyd was hy regverdig en het albei kante van 'n saak aangehoor voordat hy finaal besluit. Teenoor 'n verslane en waardige vyand was hy hoflik en bedagsaam. Hy was fyn beskaaf en het daar diep in die woestyn net so lustig oor visvang en die boerdery gesit en redeneer as oor die geheime van digkuns. En steeds was sy slagspreuk: "Moenie praat nie; doen!"

Ek het hom sien lag, en dan weer met sy oë vol trane wanneer ons gewondes en gesneuweldes van die slagveld af ingebring word. Ek het hom gesien by 'n begraafplasie in die woestyn waar 'n klompie van ons manne onder hul houtkruise rus. Hy het stadig op aandag gekom en gesalueer, en toe het hy geween.

Hoeveel kante was daar tog nie aan sy karakter nie – ja, sal ek dit sê? – soos 'n geslypte diamant met sy dosyne ligvlakke. Hy was diep gelowig. "'n Goeie generaal móét in God glo," het hy een maal gesê, en vir almal wat daarby was, het dit onvergeetlike woorde gebly. Hy het die Bybel *geken* en kon lang stukke daaruit aanhaal. "Op sy eie kan 'n mens nêrens kom nie," het hy gesê, "en as hy dit dink, is hy 'n gek. Elke mens, veral mense met verantwoordelike werk, moet 'n gelowige mens wees. Anders beskou hy homself as meer as God, en dis rampspoedig."

Ek hoef skaars voorbeelde te noem om te bewys dat hy vreesloos was, en tog is dit seker nodig, want dis mos die één ding wat ons altyd by 'n oorlogsheld soek. Hy wat altyd so heilig op die veiligheid van sy manne was, het hom nooit oor homself bekommer nie.

Ek sien hom weer in Oos-Afrika waar hy op die wal van sy skuilsloot sit terwyl die Italiaanse kanonkoeëls rondom hom ploeg, kalm besig om die Suid-Afrikaanse aanval te beheer. Een slag het die bomme so gevaarlik naby gebars dat twee koerantmanne op besoek halsoorkop in die skuilsloot getuimel het, maar Dan Pienaar het hom glad nie aan al die opwinding gesteur nie.

Of in die Westelike Woestyn met 'n aantal Geallieerde generaals op besoek aan sy hoofkwartier. Solank hulle besig is om 'n kaart op die kap van 'n vragmotor te bestudeer, verskyn 'n groot afdeling vyandelike vliegtuie wat verwoesting saai met hul bomme en masjiengewere. Al die besoekende generaals val onmiddellik plat op die grond neer. Soldate word rondom hulle afgemaai. Net Dan Pienaar bly op sy voete. Toe die aanvaal verby is en die generaals weer uit die stof verrys, betig hulle hom: "Dis dwaas om jouself so bloot te stel." Dan Pienaar lag net. "Ek is te maer," sê hy. "Hulle kan my tog nie raakskiet nie." Nee, dit was nie dwaasheid nie. Hy kon net nie voor die vyand kruip nie . . .

Oos-Afrika. Terwyl die Italiaanse magte uit Abessinië dreig, leer briga-dier Pienaar sy manne die geheime van bosoorlog. Omdat hy onwrikbaar in deeglike verkenningswerk glo, word dit gebruiklik dat hy saamvlieg wanneer die Suid-Afrikaanse Lugmag in Abessinië, Somalië en verder gaan speur. "Hoekom sal 'n mens na tekeninge sit en kyk wanneer God se groot kaart voor jou oopgevou lê?" sê hy.

Daarom is hy voorbereid en kan hy die aanslag tot in die fynste beplan toe daar besluit word om die Italianers by El Wak – die

"Waterbronne van Allah" – aan te durf. Die Slag van El Wak is maar 'n vonkie in die groot brand van die Wêreldoorlog, maar vir die Suid-Afrikaners beteken dit baie, want dis hul eerste kragmeting met die vyand. Op 16 Desember 1940 – die dag van die Slag van Bloedrivier meer as honderd jaar tevore – slaan hulle toe, en met "Ons Danie" aan die stuur, trap hulle alles voor hulle plat. Tydens die slag loop Dan Pienaar se mobiele hoofkwartier self onder die bomme deur, maar hy bly koel komkommer. Vir sy leierskap en moed word die D.S.O. aan hom toegeken – die eerste lid van die Suid-Afrikaanse landmag wat so vereer word.

Die opmars na Abessinië duur onstuitbaar voort. Nuwe, vreemde name duik op, nuwe triomfe: Dessie . . . Amba Alagi . . .

Ses dae lank woed die stryd om die bergvesting by Dessie, maar voor Dan Pienaar se presiese tydsberekening en uitgeslape taktiek moet die verdedigers swig. Waar die gevaar die dringendste dreig, is hy self by. Dis mos onnodig! "Nee, 'n mens kan g'n veldslag lewer as jy nie self daarin is nie," is sy kommentaar.

En dan: Amba Alagi. Hoog teen die bloute toring die bergspits waar die Italianers hulle in hul laaste vesting ingegraaf het. Dae lank hamer die Geallieerde magte teen die verbete weerstand met die Suid-Afrikaners in die hitte van die stryd. Dan Pienaar staan langs sy kanonniers om hul vuur te beheer. "Bietjie links . . . bietjie hoër, manne . . ." Haastig spring hy op die rug van sy donkie – die enigste vervoermiddel wat hier deug – om die volgende stelling te besoek. Ook Amba Alagi swig.

Die Westelike Woestyn. Die toneel verskuif hoër op in Afrika, na die dorte van die woestynstreke langs die Middellandse See waar 'n gevaarlike vyand, die Duitse aanvoerder Erwin Rommel, besig is om die Geallieerdes oorhoops te jaag, maar tog kan hy nie deurkom na Egipte en die begeerde Suez-kanaal nie. Dis skaakmat.

Bo van die dak van Afrika daal die Suid-Afrikaners neer na die laagtes toe, en hulle moet van nuuts af leer. Van ligdag tot donker is hulle aan die gang, en soms rek hulle die dag met stertyd uit.

Skielik is die tydelike kalmte op die gevegsfront verby. Eenhede van die pas saamgestelde Agste Leër, waarvan die Suid-Afrikaners deel vorm, rol oor die woestyn weswaarts na waar Rommel wag. Aanvanklik gaan dit voorspoedig, maar Rommel slaan terug, en die Slag van Sidi Rezegh word 'n ramp.

Terwyl die weerstand van die Agste Leër verkrummel, moet Dan Pienaar besluit. Die sektor wat aan die Eerste Brigade toegewys is, staan bekend as Tiab-el-Essem. Dis haaikaal aarde omheen, so gelyk soos 'n tafelblad, net deur die effense knoetsie by die bir, of waterput, onderbreek. Sy manne en 'n klompie Britte wat hulle by hom gevoeg het, is goed ingegrawe, maar sal hulle teen die volle geweld van 'n Duitse tenkaanslag bestand wees? Hierdie mense se lewens is in sy hande, en die hemel weet, hy het nog nooit daarmee probeer speel nie. Hul veiligheid bly sy grootste sorg.

'n Uur lank dwaal hy op en af. Dan staan sy besluit vas. "Ons veg tot die laaste man," lui sy bevel, "met al die moed waaroor ons as Suid-Afrikaners beskik."

Toe die woestynnag swart en skielik oor hulle val, hoor hulle hoe die Duitse aanvalsmag stelling inneem. Afgesien van 'n nou verbindingsroete agtertoe, is die Suid-Afrikaners totaal afgesny.

Presies om sewe-uur die oggend begin die Duitsers met swaar artillerievuur. Bomme bars onverpoos rondom die verdedigers, en klein stukkies dood spat argeloos oor die sand. Die Suid-Afrikaners vuur net so standhoudend terug. Dan kom die Duitse tenks, 'n sestig stuks, met hul snuffelende kanonne. Koel en kalm beheer Dan Pienaar die verdediging. Die Duitsers huiwer en val terug, maar die artillerievuur neem nie af nie.

'n Tweede maal kom die tenks, en anderhalfuur lank hamer hulle teen die Suid-Afrikaanse stellings. Weer word hulle afgeslaan.

'n Derde maal – meer vasbeslote as ooit om 'n swak plek te kry waar hulle kan deurbreek. Gelukkig het daar intussen 'n Britse tenkafdeling by die Suid-Afrikaners opgedaag, en hulle storm verwoed op die vyand af. Nou kan die Duitsers nie meer nie. Agter 'n swaar rookskerm blaas hulle die aftog.

Teen donker sterf die artillerievuur ook weg. Die Duitsers het die slag gewonne gegee.

Dan Pienaar was die eerste aanvoerder wat bewys het dat voetsoldate en kanonne onder bekwame leiding teen die gevreesde Duitse "ystervuis" opgewasse kan wees – iets wat dwarsdeur die oorlog uiters selde gebeur het.

Nog maande lank trap Dan Pienaar en sy Suid-Afrikaners die passies van die "groot wals met Rommel oor die woestynvloer", soos nuusmanne dit noem. Daar is suksesse en onverwagte terugslae, stiltes en storms, en op die verlate woestynlandskap verskyn nuwe landmerke: uitgebrande tenks, vliegtuigwrakke en ander verwronge stukke yster en staal.

Dan Pienaar word tot generaal-majoor bevorder, en hy toon sy meesterskap in die kuns van woestynoorlog, maar steeds bly hy dieselfde genaakbare, aardse mens. Hoe sy aansien tot in die hoogste kringe gegroei het, blyk toe hy saam met die ander Geallieerde aanvoerders in Noord-Afrika na 'n eetmaal ter ere van die besoekende Britse premier Winston Churchill in Kaïro ontbied word. Ná ete sonder Churchill vir Dan Pienaar uit om met hom buite in die tuin menings omtrent die oorlogstoestand te wissel – en toe hulle eindelik van mekaar afskeid neem, het vier volle ure vergly.

Daar kom lewe in die stryd. Die Geallieerdes kry versterkings en nuwe, beter wapentuig. Die groot opmars word beplan, en die Slag van El Alamein begin. Eers moet die artillerie die vyand "sag maak", en hieraan doen die Suid-Afrikaners lustig mee. Vir meer as vier uur lank skroei vuurtonge deur die nag. Toe iemand opmerk hoe akkuraat sy kanonne skiet, antwoord Dan Pienaar ewe luiters: "Ek probeer nie om Afrika om te ploeg nie. Ek skiet na die vyand."

Ná die bombardement beweeg die Suid-Afrikaanse voetsoldate in met outomatiese gewere, bajonette en handgranate. Binne die eerste nag verdryf hulle die vyand uit die stellings soos aan hulle opgedra is.

Twaalf dae lank woed die slag, en toe moet Rommel die wyk neem. Uitbundig sing die Suid-Afrikaners nou op maat van 'n ou Afrikaanse volksliedjie:

"Vat jou trommel, Erwin Rommel,
   vat jou goed en trek!"

Vir die oorlogsmoeë Suid-Afrikaners het daar 'n tyd van verposing aangebreek. Orals gesels die manne van die tuisverlof wat voorlê. Generaal Pienaar vlieg vooruit om reëlings vir hul ontvangs in Suid-Afrika te gaan tref.

Ons hele Eerste Suid-Afrikaanse Divisie het vir daardie laaste parade aangetree, hoewel ons natuurlik nie geweet het dat dit die laaste sou wees nie. Generaal Dan Pienaar het met ons gepraat soos 'n vader met sy kinders: "Wees getrou aan julle ideale en die dinge waarvoor julle veg, ook wanneer julle tuis is. Onthou, dikwels

218

word meer bereik deur die moed van die gewete as deur die moed van die lyf, waarvan julle almal so oorgenoeg het."

16 Desember het verbygegaan – presies twee jaar ná ons en Dan Pienaar vir die eerste maal daar by die "Waterbronne van Allah" teen die vyand te staan gekom en hulle voor ons weggevee het. Die volgende dag het sy vliegtuig vertrek, en daar was tien ander offisiere en onder-offisiere saam met hom, afgesien van die vlieënier, kaptein Duggy Mail – een van ons mees ervare manne.

Toe ons weer van hom hoor, was dit dat "Ons Danie" en al die ander saam met hom dood is. Net ná hulle die donker voordag van 19 Desember weer opgestyg het, het die vliegtuig in die Victoria-meer neergestort.

Nou is daar baie gerugte.

"Dis sabotasie!"

"Nee, Duggie was net moeg, en hy het hom misreken."

"Daar was fout met die vliegtuig."

Wat maak dit tog eintlik saak wat die rede is? Dit sal hom nie terugbring nie.

Ons Danie is dood, op 19 Desember 1942 – in die ouderdom van nege en veertig jaar. So 'n man . . . So 'n mens . . . Hy was vir ons nie net 'n knap aanvoerder wat ons móés gehoorsaam nie. Ons het hom liefgehad.

Ons Danie is dood. Dis asof my gedagtes nie daar verby kan kom nie. Ek groet hom, 'n goeie mens en 'n groot soldaat. Saluut, Generaal!

Baie liefde,
Jou man.

KLARA SOEK HAAR PA

Die verhaal van die jong bruin meisie Klara Majola se daad daar in Julie 1950 sou seker maar net 'n klein koerantberiggie gebly het, vandag gelees en môre vergete, as dit nie by die digter D.J. Opperman 'n gedagte laat vonk het nie. Deur sy gedig het Klara wye bekendheid verwerf – en ons het 'n heldin van die liefde ryker geword.

Die Jansens woon op 'n plaas in die Koue Bokkeveld. Die pa is April Majola Jansen. Hy werk op die plaas. Die ma is Maria Jansen. Sy help in die plaashuis. Klara Majola is hul tweede kind.

Hulle lewe gelukkig.

Daar is net een ding wat hinder. Die pa se oë is swak. Hulle word al swakker. Op 'n dag kan hy glad nie meer sien nie. April Majola is blind.

Maar April Majola is nie 'n mens wat kan leeglê nie. Hy sit hand by met die los werkies op die plaas. Met sy kierie loop hy waar hy moet wees. Elke dag gaan haal hy vuurmaakhout vir sy vrou.

En die gesin is nog gelukkig.

Op 'n wintermiddag stap April weer uit om te gaan hout soek.

Hy voel die wind.

Nee, die wind is koud.

Hy snuif die lug.

Nee, die lug is nat.

Vannag gaan dit sommer baie reën. Hy moet sorg vir genoeg hout. April bring sy eerste bondeltjie. Hy loop 'n tweede maal.

Dit word al laat, maar April kom nie terug nie. Maria word onrustig. "Waar bly julle pa dan?" vra sy vir die kinders.

"Ek sal Pa gaan haal," sê Klara Majola, al is sy net agt jaar oud.

"Dis goed, my kind," sê Maria. "Maar jy sal baie koud kry. Vat hierdie jas van my."

Klara trek die jas aan.

"Jy sal honger word," sê Maria. "Hier is vir jou 'n stukkie brood."

"Dankie, Ma," sê Klara. Toe loop sy in die skemerte uit.

Die wind ruk aan haar.

"Moenie my so vashou nie, wind," sê Klara, en sy trek die jas oor haar kop. "Ek gaan my pa haal."

Sy stap en stap. Die reën spat in haar gesig.

"Moenie my so koud maak nie, reën," sê sy, en sy kou aan die stukkie brood. "Ek gaan my pa soek."

Die kapok begin val. Haar voete pyn van die koue.

"Moenie my so seermaak nie, kapok," sê sy, en toe begin sy roep: "Pa! Pa! Waar is Pa?"

Sy roep tot haar stem hees word.

Sy roep, maar haar woorde verwaai in die wind.

Sy kry so koud, sy kan nie verder nie. Maar sonder haar pa sal sy nie omdraai nie.

Sy kom by 'n stroompie. Die grond is sag en glad. Haar knieë is lam. Haar bene is swaar. Haar voete gly onder haar uit.

"Pa! Pa!" roep sy. Sy wil opstaan, maar sy kan nie.

"Pa! Pa!" huil sy. Sy wil verder gaan, maar sy het geen krag meer oor nie.

"Eina, wind," sê sy. "Eina, reën . . . Eina, kapok . . ."

Klara Majola weet dit nie, maar haar pa is lankal by die huis. Sy het verkeerd geloop.

Die ouers wag en wag.

"Nou gaan ek my kind soek," sê April.

Hy en Maria loop.

"Klara! Klara Majola!" roep haar vader.

Hulle luister. Dis net die bome wat kreun in die wind.

"Klara! Klara Majola!" roep haar moeder.

Hulle luister. Dis net die reën wat spat op die grond. Klara Majola bly so stil soos die kapok.

Hulle soek tot hoenderkraai. Toe dit dag word, gaan vra hulle hulp.

Nou is die veld vol mense.

"Klara! Klara!" roep een hierdie kant.

"Klara! Klara Majola!" roep 'n ander oorkant.

Hulle soek teen die voet van die berg op. Hulle soek op die stroompie se wal af. Hulle soek tot hulle haar kry.

Klara Majola is dood.

NAWOORD

Die heldedom, so lyk dit my, is, soos van die heiligheid gesê word: 'n Vreemde, ingewikkelde ding.

N.P van Wyk Louw: Die Held

Dit was 'n hele paar jaar lank dat ek al skrywende met die mense van my land die heldepad geloop het – die mense van my land, ja, want ek het met opset nie net die heldedade van my eie volk beskryf nie. Ek het die gebied so opgevat dat dit heldedade insluit wat deur enigiemand op Suid-Afrikaanse bodem verrig is, en verder enige heldedaad van 'n Suid-Afrikaner, waar dit ook al in die vreemde mog plaasgevind het.

Soos ek deur die geskiedenis gedwaal het, het ek op mooi verhale afgekom waarvan in hierdie boek vertel word: ou bekendes waarvoor 'n mens al liewer word hoe meer jy dit hoor, maar ander ook wat vir my verrassend nuut was. Maar steeds, terwyl ek gelees en geskryf het, het die vraag my bygebly: wat is dit wat hierdie mense méér as andere gemaak het sodat hulle lewe – en sterwe – ons so kan ontroer?

Daar is die doodsveragters, soos Shaka en Carolus Trichardt.

Daar is die getroues, trou aan hul plig, trou aan hulself: Ruiter, Hansie Smal, Guillaume du Toit.

Daar is die lieflikes, soos Wolraad Woltemade en Dirkie Uys en Racheltjie de Beer en Klara Majola.

So kan ons voortgaan om indelings te maak sonder om rêrig iewers te kom.

Ek het die verskillende helde en heldedade op verskillende maniere probeer benader: soms van buite gebeeld, soms van binne af "saam beleef", soms deur die oë van 'n derde party daarna gekyk. En ná dit alles moet ek beken dat die heldedom nog steeds vir my ook "'n vreemde, ingewikkelde ding" bly.

Tog is daar één gevolgtrekking wat ek wil maak, en ek kan net hoop dat dit *waar* is omdat ons dit, veral vandag, so nodig het – nie net my mense nie, maar die ganse menslike geslag. Hierdie gevolgtrekking is dat die dryfkrag van die held die liefde is (vir volk, land, medemens, of miskien ook vir die self). Dis woeste, wrede dade wat uit haat gepleeg word; hoe roekeloos ook, laat hulle ons gril en huiwer sonder om ons in die hart te gryp.

Ja, die heldedom kom uit die liefde voort, en nie uit die haat nie.

Naskrif: Dis nou al baie jare gelede dat ek bostaande geskryf het, 'n kwart eeu. Maar nadat ek hierdie heldegeskiedenisse weer so die een ná die ander deurgewerk het, kan ek nie anders as om te bevestig nie: dit is die liefde wat die ware held besiel.

Pieter W. Grobbelaar

Jan van Riebeeckstraat, Wellington
Desember 1999